PETER SEILERN

BOURSE
SEULS LES MEILLEURS GAGNENT

Les 10 règles d'or
pour des rendements à long terme
avec un risque minime

MAXIMA

Suivi éditorial : Delphine Levêque, Yaël Bourcet et Roxane Vincent
Fabrication : Lucie Grenet
Mise en page : Belle Page
Conception de couverture : Studio Dunod

Première publication : Harriman House Ltd, Grande-Bretagne, 2019.
Titre original : *Only the Best Will Do.*

11 rue Paul Bert, 92240 Malakoff
ISBN 978-2-8188-1142-9

BOURSE

SEULS LES MEILLEURS GAGNENT

À mes collaborateurs, anciens et actuels, avec mes remerciements.

Sommaire

PARTIE III – QUAND ET OÙ

Préface

L'investisseur *quality growth* est celui qui opère en connaissance de cause, ayant au préalable mesuré le risque et fixé ses objectifs, et qui s'astreint à une discipline dont il ne déroge pas. En cela, il n'est pas un spéculateur qui fait de la prise de risque l'une des conditions de son action. Maurice Allais, prix Nobel d'économie, avait évoqué avec humour ce phénomène : « Moins le risque est grand, plus les spéculateurs fuient ». Le livre de Peter Seilern présente sans détour une philosophie d'investissement pérenne en quête d'entreprises dont les bénéfices croissants stimulent le cours de leurs titres et qui attestent d'un potentiel de profit de qualité supérieure ainsi que d'un rendement constant. Selon cette philosophie, les investissements à long terme se doivent de générer des résultats au-dessus de la moyenne, mais avec des risques réduits.

Dès lors qu'une philosophie d'investissement pose les fondements des actions à entreprendre, il est essentiel que ces dernières soient enfermées dans une discipline faite exclusivement d'exigences et non de vœux pieux. Cette discipline est encodée dans les dix règles d'or qui auraient aussi bien pu être appelées les dix règles de fer tant les contraintes exercées sur les gestionnaires et les analystes sont rigoureuses. Ils fouillent, creusent, modélisent sans relâche les entreprises candidates à l'univers Seilern ainsi que celles qui y sont déjà admises. Cet univers est constitué d'environ soixante-dix titres sur les quelque cinquante mille cotés sur les divers marchés du monde. Sa construction est lente parce qu'elle exclut le doute et l'imprécision : pas d'investissement dans ce qui n'est pas parfaitement bien appréhendé. Cette sélection restreinte exige un suivi méticuleux de chaque entreprise élue, une prise en compte de chaque changement, petit ou grand.

Un univers restreint génère des portefeuilles fortement concentrés qui requièrent une gestion active pour détecter au plus tôt les effets pernicieux d'une dérive. L'entreprise qui ne satisfait plus à l'une des dix règles d'or, qui génère un taux d'endettement dépassant les normes fixées ou qui renonce à croître de façon organique, préférant une suite d'acquisitions, est radiée de l'univers. Les titres sont conservés dans l'univers au moins cinq ans, certains le sont plus de vingt ans : la preuve concrète d'un investissement fait pour durer.

Une forte concentration des fonds procède assurément d'une forte conviction. Et en matière de conviction, les fonds Seilern ne ressemblent en rien aux fameux *tracker funds* ou aux fonds *value*, pour ne citer que ces deux types de fonds. En effet, les *tracker funds* ne cherchent qu'à reproduire les encours et performances de certains indices. Ils s'équipent à cette fin d'instruments alternatifs, devenant ainsi opaques pour l'investisseur. Quant aux fonds *value*, leur stratégie consiste à investir dans des titres sous-évalués et à les conserver en portefeuille tant que l'écart n'est pas comblé. Mais peut-on vraiment dire qu'ils tiennent compte du potentiel d'une entreprise sur le long terme ? Ces deux types de stratégies ne cherchent pas un partenariat avec les investisseurs : elles restent difficiles à saisir pour ceux qui y adhèrent, mais satisfont les spéculateurs.

Le terme « conviction » n'est pas seulement synonyme de croyance absolue. Une conviction naît aussi de l'observation des faits, s'enracine dans leur analyse : il s'agit alors de comprendre pourquoi et comment un fonds réalise une surperformance ou une sous-performance dans différentes conditions de marché. Il est essentiel de maintenir un dialogue avec l'investisseur et de l'instruire. Nous notons qu'un nombre croissant de nos investisseurs se soucient de moins en moins du creux et de la crête de la vague et que leur objectif est d'arriver dans le port qu'ils ont choisi. Peter Seilern explique parfaitement pourquoi et comment les valeurs boursières conformes à la philosophie *quality growth* évoluent à certains moments du cycle économique. Le détenteur d'actions respectant les règles d'or ne sera donc jamais surpris, car il connaît les paramètres et les aléas de ses investissements : il sait que le rebond sera en grande partie déclenché par la qualité et la capacité de croissance des titres dans lesquels il a investi. Il est aussi totalement au fait qu'un mouvement durable du marché requiert une pondération des portefeuilles en privilégiant les entreprises *quality growth*.

Des investisseurs ont qualifié les fonds Seilern de « purs » en raison de leur transparence, de leur simplicité et de l'absence de compromis. Mais c'est avant tout grâce à la sagesse acquise au gré des méandres des marchés que Peter Seilern a acquis la résilience des vieilles troupes qui savent gérer une situation déjà vue et anticiper des circonstances nouvelles. Cette sagesse s'exprime par les dix règles d'or en se transmettant à chaque génération de gestionnaires et d'analystes. Ce livre est enfin celui d'un orfèvre exigeant qui a peaufiné son savoir-faire, mais aussi vérifié ses techniques et analysé ses résultats dans toutes les conditions possibles de marché. Il s'est mesuré à ses pairs et a constaté qu'il a durablement maintenu un niveau de performance de tout premier ordre. Il a su rester modeste, plaçant au premier rang de ses priorités son seul vrai partenaire : l'investisseur.

Peter Seilern m'a pour un temps confié les rênes de Seilern Investment Management. Ce fut ma dernière aventure professionnelle. Elle fut exaltante, absorbante, mais ô combien satisfaisante. Il m'offre ici une merveilleuse occasion de le remercier de sa confiance et de son soutien.

Jean-Michel Boehm
Londres, novembre 2021

Introduction

La meilleure stratégie d'investissement

Investir est à la fois une science et un art. Égaler le marché relève de nos jours plus de la science que de l'art, et cette tâche est souvent accomplie par un ordinateur. Aujourd'hui, tout investisseur se mesure couramment à la performance d'un indice de référence, et les fonds indiciels gérés par ordinateur et les *Exchange Traded Funds* (ETF) réalisent d'aussi bonnes performances que la plupart des indices, impassiblement, de façon rentable et avec une efficacité presque parfaite.

Faire *mieux* que le marché, en revanche, exige plus d'art que de science. Y parvenir requiert toute la finesse d'esprit d'un être humain, et un certain type de tempérament. L'investissement *quality growth*, l'approche que je décris dans ce livre, est la stratégie la plus fiable et la plus efficace jamais conçue par l'être humain pour obtenir des rendements supérieurs à la moyenne en ayant le moins de risque possible de subir une perte en capital définitive.

À cet égard, cette stratégie s'apparente pour l'investisseur à la quête du Saint Graal. L'investissement *quality growth* puise sa justification dans une solide théorie validée par l'expérience et dans cet élément souvent insaisissable que l'on appelle le bon sens. Or il est surprenant de constater que, malgré la multitude de données empiriques prouvant son efficacité, ce style d'investissement n'est pratiqué que par une petite minorité d'investisseurs professionnels.

Dans ce livre, je m'attache tout d'abord à expliquer dans un langage simple ce qu'est un investissement *quality growth* et pourquoi il produit régulièrement d'excellents résultats. Puis j'expose comment mettre en œuvre au mieux cette stratégie d'investissement et en quoi la vision traditionnelle de l'investissement – qui imprègne une grande partie des pratiques modernes d'investissement – est fortement entachée d'erreurs. Diverses raisons expliquent pourquoi les investisseurs ne sont pas plus nombreux à appliquer la stratégie que je préconise. Cela tient en partie à des raisonnements qui laissent à désirer, mais aussi à divers facteurs commerciaux et comportementaux qui régissent les modalités de fonctionnement et de régulation des activités d'investissement.

L'intérêt de l'investissement *quality growth* se fait sentir avec le plus d'acuité dans le domaine du financement des retraites, et les fonds de pension feraient bien d'employer cette stratégie d'investissement. Donner aux populations les moyens de vivre confortablement leur retraite est l'un des principaux défis mondiaux auxquels sont confrontés les pays développés en ce XXIe siècle. Si les décideurs politiques sont au fait de la situation, beaucoup de gens n'ont pas conscience de l'écart grandissant qui existe entre le montant des pensions dont les retraités de demain auront besoin (et qui leur a été promis) et le montant des actifs disponibles pour honorer ces engagements croissants.

En plus de constituer un choix prudent et rémunérateur pour l'investisseur individuel, l'investissement *quality growth* est à mon avis une stratégie pouvant parfaitement contribuer à faire face à la crise imminente du système des retraites dans les pays développés. Malheureusement, une mauvaise appréhension de la notion de risque, relayée par les autorités de régulation et les actuaires, n'incite guère les fonds de pension et les gérants de fonds à adopter cette stratégie. Il est urgent que cela change.

Ce changement de paradigme passe par l'abandon d'autres mythes puissants véhiculés par la doctrine prévalant en matière d'investissement. Démontrer l'intérêt de l'investissement *quality growth* m'amène donc à déconstruire un certain nombre de mythes, comme celui de la diversification, le mythe selon lequel certaines catégories d'actions ne sont pas pour « la veuve ou l'orphelin » et le mythe de la primauté des dividendes. J'explique comment il est encore possible de faire fructifier le capital en ces temps où les taux d'intérêt sont entre chien et loup en termes nominaux, oscillant entre à peine positifs et légèrement négatifs, et sont globalement négatifs en termes réels corrigés de l'inflation. Je réfute aussi l'hypothèse fondamentale, largement soutenue dans le monde de l'enseignement et dans les médias, selon laquelle des rendements supérieurs s'accompagnent obligatoirement d'un risque plus élevé. J'invite le lecteur à appréhender l'investissement à travers la nouvelle grille de lecture que je lui propose pour lui livrer les clés d'un investissement fructueux, en s'affranchissant de ces mythes et autres visions erronées.

Cet ouvrage s'articule comme suit. La partie I montre le bien-fondé de l'investissement *quality growth* en tant que stratégie d'investissement. Elle expose les raisons pour lesquelles l'investissement *quality growth*, tel que je le définis, offre la perspective d'obtenir des rendements supérieurs pour un risque inférieur à la moyenne. Elle examine également en quoi la stratégie de l'investisseur sera affectée par des événements exogènes se produisant dans la sphère politique, dans le domaine de la politique monétaire ou sur les marchés obligataires. La partie II explique en détail comment repérer le petit nombre d'entreprises qui réunissent tous les critères nécessaires pour être qualifiées d'entreprises *quality growth*. Elle présente les dix règles d'or qui permettent de sélectionner ces entreprises, puis indique comment intégrer ces dernières à un portefeuille et comment établir leur valeur. La partie III, dernière section de cet ouvrage, examine les atouts de l'investissement *quality growth* par rapport à d'autres approches et livre quelques-unes de mes réflexions sur les conditions actuelles du marché et les problématiques auxquelles sont confrontés les investisseurs, de quelque type que ce soit, dans un monde marqué encore, et peut-être à jamais, par l'extrême faiblesse des taux d'intérêt, l'évolution rapide des technologies et une polarisation politique croissante.

Je reconnais que pour de nombreux investisseurs, professionnels ou particuliers, adopter l'approche *quality growth* ne sera pas facile, pour des raisons de réglementation, culturelles ou autres. Je ne peux que les engager vivement à considérer les faits. Ayant appliqué cette approche pendant plus de trente-deux ans au sein de ma société privée de gestion d'investissements, je suis heureux de pouvoir affirmer que nous avons jusqu'ici produit d'excellents résultats pour le compte de nos clients. Je dois ma découverte de l'investissement *quality growth* à une part de chance, une pincée d'expérience et une certaine dose d'intuition. Comme je l'explique ci-dessous, les recherches approfondies que ma société a menées depuis sa création et les résultats que nos fonds ont été en mesure d'obtenir sur trente ans n'ont fait que me conforter dans ma conviction que la stratégie d'investissement *quality growth* mérite d'être appliquée plus largement.

Parcours personnel

J'ai commencé à croire dans les mérites de l'investissement *quality growth* relativement tôt dans ma carrière dans le secteur des services financiers, et ma conviction n'a fait que se renforcer année après année. Ma carrière a débuté le 1er octobre 1973, date à laquelle je suis entré comme simple employé de bureau à la Creditanstalt-Bankverein, première banque autrichienne, située à Vienne. C'était le jour où l'OPEP a quadruplé le prix du baril de pétrole. Cet événement a provoqué une inflation rampante des années durant ainsi qu'un effondrement brutal des actions, et le marché allait rester baissier jusqu'en 1981. Durant ces années difficiles, j'ai découvert les différentes facettes des métiers de la banque, en travaillant dans les principaux domaines d'activités bancaires comme le crédit intérieur, les opérations interbancaires, les crédits à l'exportation et la négociation de titres.

À l'époque, je n'ai pas réalisé sur le moment à quel point cette formation allait être bénéfique et contribuer utilement à me forger mes propres convictions. L'acquisition des connaissances de base dans le domaine bancaire en cette période de crise m'a permis de me faire une vue d'ensemble des différentes composantes complexes des marchés financiers et de déterminer en toute connaissance de cause quel est le meilleur moyen d'éviter les risques sans nuire aux possibilités de fructification du capital. N'investir que dans les entreprises championnes de la croissance de qualité me semblait, déjà alors, être le moyen le plus sûr d'atteindre ce second objectif.

En 1978, Hambros Bank Ltd m'a proposé de la rejoindre pour concourir à l'extension de ses activités aux pays germanophones sur le continent européen. Avant de prendre mes fonctions à la banque, cependant, j'ai travaillé un an avec la prestigieuse banque privée allemande Sal. Oppenheim jr. & Cie, qui fut rachetée bien plus tard par la Deutsche Bank. Je faisais la navette entre Francfort et Cologne afin de préparer le terrain pour la mission que m'avait confiée Hambros Bank. Au cours de cette année, je me suis concentré sur les marchés d'actions et d'obligations, travaillant aux côtés des analystes financiers de Sal. Oppenheim jr. & Cie, considérés comme comptant parmi les meilleurs du pays. J'ai aussi été détaché au parquet de la Bourse de Francfort qui, à cette époque où les transactions se faisaient à la criée, était un lieu bruissant d'activité.

Durant ces années passées à Vienne et à Francfort, je me suis passionné pour les marchés d'actions, au point de vouloir faire carrière dans ce domaine. Cependant, aucun de ces deux marchés ne pouvait soutenir la comparaison avec celui de Londres, aussi décidais-je de poursuivre ma carrière dans la première place financière mondiale. Après avoir rejoint Hambros Bank en 1979, il m'a d'abord été demandé de contribuer à développer leurs activités interbancaires avant de satisfaire mon ambition de travailler pour leur département de gestion des investissements.

En 1981, une longue période de marchés haussiers sur les actions a débuté en Europe, et peu de temps après je fus nommé gérant de fonds du nouveau fonds de placement européen de la banque. De nombreuses restrictions à l'investissement furent levées en Europe dans le cadre du travail préparatoire à la création du Marché unique de la Communauté économique européenne. À la même époque à la City de Londres, SG Warburg a transféré son service de gestion des investissements dans une nouvelle structure appelée Mercury Asset Management, puis a introduit cette dernière à la Bourse de Londres. C'était une décision judicieuse et j'espérais qu'Hambros allait faire de même.

1986 a marqué un tournant pour les marchés financiers londoniens, avec l'adoption de la loi sur les services financiers (*Financial Services Act*) par le gouvernement de Margaret Thatcher. Également connue sous l'appellation « Big Bang », cette loi a révolutionné le paysage du courtage à Londres, a supprimé la possibilité de porter la double casquette de courtier et de teneur de marché et a ouvert la porte aux sociétés financières américaines. Cette même année, j'ai rejoint une société suisse de gestion d'investissements, pour laquelle j'ai travaillé pendant trois ans.

Avec la croissance débridée des activités d'investissement à cette époque en Europe, on vit déferler des styles de gestion de portefeuille largement inconnus jusqu'alors. Je passais du temps à Genève, où mes employeurs étaient basés. C'étaient des acteurs importants dans le monde relativement nouveau des *hedge funds* et j'avais accès à de nombreux gestionnaires d'investissement à Wall Street. En dehors de la sphère des *hedge funds*, leurs principaux contacts étaient chez W.P. Stewart & Co. qui, en ces temps, constituait l'exemple même d'une société d'investissements qui privilégiait ce que j'appelle aujourd'hui une approche *quality growth*.

Le renforcement de mes liens avec cette société a contribué à raffermir ma conviction première : investir dans les meilleures entreprises du monde, sélectionnées en fonction de critères stricts, constituait le moyen le plus fiable de préserver et de faire fructifier le capital. Le point primordial était de se concentrer sur les entreprises et non sur leur cours de Bourse. Seule une connaissance approfondie des entreprises dans lesquelles l'argent des clients était investi permettait de juger du caractère durable ou non des rendements de ces entreprises. Pour réduire le risque, la meilleure solution consistait à suivre des principes directeurs clairs et à ne pas céder à la tentation du profit immédiat en s'abstenant de vendre et d'acheter des actions dans une optique de court terme. Cela m'a conforté dans mon intuition que, loin de s'accompagner automatiquement d'un risque élevé, des rendements élevés pouvaient aller de pair avec un moindre risque.

En 1989, j'étais devenu tellement sûr de détenir la bonne stratégie qu'en toute logique le mieux à faire selon moi était de fonder ma propre société de gestion d'investissements et de la façonner selon mes convictions. Ce projet constituait une véritable gageure dans le milieu hautement concurrentiel qu'est la gestion d'investissements, mais après trois années passées à Genève je revins à Londres et commençais d'assembler les pièces du puzzle pour monter mon entreprise *ex nihilo*. J'étais seul, au départ, face à un triple défi : non seulement je devais créer un univers d'opportunités d'investissement adaptées, mais en outre je devais trouver des partenaires qui partageaient mes convictions et me constituer une clientèle. Il fallait aussi un zeste de chance, comme je le découvris bientôt. Je savais que satisfaire toutes mes aspirations prendrait de nombreuses années et, malgré les erreurs commises, les marchés baissiers et autres difficultés, je n'ai jamais regretté mon choix.

Après avoir dirigé pendant plus de trente-deux ans ma société de gestion d'actifs avec le concours d'une équipe exceptionnelle et après avoir connu maints marchés haussiers et baissiers, je demeure fermement convaincu des mérites de l'investissement *quality growth*. Cette conviction repose sur la longue série de succès inhérente à cette stratégie d'investissement et à son horizon de long terme. Aussi difficile soit-il d'investir dans une perspective de long terme et de séparer le bruit du signal, c'est une stratégie qui marche – et qui vaut donc la peine d'être utilisée.

Peter Seilern
Londres, novembre 2021

Remarque : toutes les données statistiques et tous les graphiques figurant dans cet ouvrage ont été fournis par Seilern Investment Management Ltd, Bloomberg et Factset. Les exemples donnés dans cet ouvrage le sont uniquement pour illustrer les principes. Ils ne constituent pas des recommandations d'investissement et, avec le temps, perdront de leur pertinence.

Partie I

POURQUOI

Chapitre 1

Rendements supérieurs et moindre risque

Pourquoi une stratégie fondée sur la constitution et la détention d'un portefeuille de valeurs de croissance de qualité est-elle si attrayante ? Parce que, comme pour toute stratégie d'investissement, il s'agit au fond de concilier au mieux deux éléments cruciaux : le risque et le rendement. On considère généralement que le risque et le rendement augmentent et diminuent en tandem, mais en réalité leur relation n'est pas si simple, une augmentation de l'un ne s'accompagnant pas nécessairement d'une hausse de l'autre. Alors s'il existe une stratégie d'investissement permettant d'allier rendements plus élevés et risque inférieur à la moyenne, tout investisseur sensé l'adoptera dès qu'il en aura connaissance. C'est en substance l'heureuse combinaison que l'investissement *quality growth* vise à obtenir – et qu'il a procuré régulièrement à l'investisseur comme les faits le prouvent.

L'expérience suggère que dans la pratique la plupart des investisseurs ne se rendent pas vraiment compte de la nécessité d'une stratégie claire et réfléchie et méconnaissent la véritable signification du risque. C'est l'une des raisons pour lesquelles les rendements qu'ils obtiennent sont souvent décevants. Ce constat s'applique que l'investisseur soit un professionnel ou un particulier. C'est un fait établi : en moyenne entre 60 % et 80 % des fonds gérés par des professionnels ne font pas mieux qu'un fonds indiciel comparable ou qu'un indice de référence pertinent, déduction faite des commissions.

L'investisseur prospère doit déployer des efforts considérables pour éviter les pièges dans lesquels tombent la majorité des gens. Il doit définir son objectif ainsi que son horizon temporel et le niveau de risque qu'il est prêt à prendre pour atteindre cet objectif. Plus il est disposé à se montrer patient, plus ses chances de réussite augmentent. Concrètement, il est important que la stratégie puisse être mise en œuvre de façon réfléchie et dépassionnée, sans se laisser distraire par l'émotion.

Les valeurs *quality growth*, telles que nous les définissons, ne sont généralement pas considérées comme une classe d'actifs distincte. Pourtant, elles devraient l'être à mon avis, car elles possèdent des caractéristiques spécifiques qui leur sont propres. Lorsque l'on demande à des investisseurs d'indiquer quelles sont les plus importantes classes d'actifs sur les marchés financiers, la plupart d'entre eux mentionnent les actions cotées en Bourse, le *private equity*, les obligations et autres titres à revenu fixe, les devises, les matières premières, l'immobilier et les objets de collection tels que les œuvres d'art, les voitures de collection et le vin. Au sein de chaque classe, il existe des sous-classes – comme la sous-classe des obligations d'entreprises, celle des *hedge funds* ou encore celle des produits dérivés, pour ne citer que les plus connues.

L'investisseur *quality growth* a un mantra clair : *il ne faut retenir que le meilleur*. Sa définition de la qualité et de la croissance est détaillée et spécifique. Il s'agit de réduire le champ des possibilités d'investissement en actions à un nombre relativement petit d'entreprises bien établies et cotées en Bourse qui possèdent un certain nombre de caractéristiques précises et positives. Parmi ces caractéristiques, on peut citer un bilan solide, un rendement des capitaux investis élevé, une position de leader sur le marché dans un secteur en expansion, un avantage concurrentiel durable ainsi qu'un management engagé, à l'écoute des actionnaires et assurant une bonne gouvernance de l'entreprise. (Les dix critères les plus importants sont décrits plus en détail au chapitre 3.) Ne répondre qu'à une partie de ces critères ne suffit pas : une entreprise *quality growth* digne de ce nom doit les réunir tous.

Les entreprises qui remplissent les conditions requises forment donc un club très fermé. Sur les 50 000 entreprises actuellement cotées sur les principales places boursières, une soixantaine au plus satisfont à tout moment à tous les critères qu'un investisseur *quality growth* rigoureux, comme ma société, applique. Ces entreprises sont véritablement la crème de la crème. Leur principal atout réside dans le fait que, non seulement elles sont bien gérées et rentables, mais qu'en outre, grâce à un management avisé, leur rentabilité est régulière et durable. Pour l'investisseur patient qui s'inscrit dans un horizon de long terme, elles sont un cadeau sans cesse renouvelé. Quasiment aucune autre classe d'actifs n'offre une combinaison aussi puissante de caractéristiques positives.

Tout aussi important, et contrairement à l'opinion courante, un portefeuille investi dans ce type d'actions sera par nature moins risqué que d'autres types d'investissement, comme les dépôts bancaires ou les emprunts d'État, traditionnellement jugés être les moins risqués. S'en convaincre exige néanmoins d'être disposé à appréhender le risque et le rendement en adoptant une grille de lecture différente de celle utilisée dans les livres d'étude et dans les salles des établissements d'enseignement. Penchons-nous donc maintenant plus en détail sur les rendements puis sur le risque.

Des rendements réguliers

Le principe directeur d'un investissement dans une entreprise est que le cours de ses actions sera en fin de compte déterminé par la croissance de ses bénéfices dans le temps. Les gains potentiels des investisseurs sont déterminés par la croissance du chiffre d'affaires et des cash-flows de l'entreprise et par le rendement qu'elle peut tirer des capitaux qu'elle a investis. Par conséquent, on peut s'attendre à ce que les entreprises d'une qualité exceptionnelle sur ces plans procurent aux investisseurs des rendements supérieurs à la moyenne.

Les données empiriques montrent que c'est bien le cas. À court terme tout peut arriver sur les marchés boursiers, bien entendu, car les cours fluctuent au gré des humeurs et des spéculations, mais à long terme la tendance est claire. Les entreprises ayant un rendement des capitaux élevé, une croissance durable et supérieure à la moyenne et une rentabilité régulière sont un investissement plus lucratif que les entreprises ayant de moindres rendements et une croissance modérée. En outre, elles génèrent des rendements plus élevés que la Bourse dans son ensemble.

D'abondantes données étayent cette affirmation. Selon une étude de la société d'investissement américaine GMO, publiée en 2018, sur une période de plus de quatre-vingt-dix ans (de 1928 à 2018) les entreprises arrivant en tête sur le plan de la qualité mesurée à l'aune de différents indicateurs comptables génèrent en moyenne un rendement supérieur de 0,4 % à celui de la Bourse américaine dans son ensemble[1]. Si vous y ajoutez un critère de valorisation strict – à savoir refuser d'acheter les meilleures actions à un prix excessif – l'avantage comparatif dont vous bénéficiez en investissant dans des entreprises de qualité grimpe à 1,4 % par an. Nous verrons plus loin l'épineuse question de la valorisation et ce que l'on entend par « prix excessif ».

De prime abord 1,4 % par an peut sembler faible, mais ce serait oublier la magie des taux composés, ce phénomène mathématique selon lequel même un faible pourcentage de gains grossit par effet cumulatif jusqu'à donner une somme rondelette sur une longue période. Un calcul simple montre qu'un portefeuille d'investissement qui réalise une performance

1. Les critères utilisés par GMO comprennent un rendement des capitaux élevé, une rentabilité régulière et un solide bilan caractérisé par une dette relativement faible.

annuelle supérieure de 1,4 % à celle du marché battra le marché de 10 % après huit ans et de presque 50 % après trente ans[2]. En termes absolus, grâce à la magie des taux composés, un portefeuille présentant ces caractéristiques vaudra à terme des milliers ou des millions de plus, en fonction de la mise de départ de l'investisseur.

Mon expérience en matière de gestion de portefeuilles d'entreprises *high quality growth* corrobore l'étude de GMO. Les clients qui ont investi il y a vingt-cinq ans dans le fonds Seilern World Growth géré par ma société ont vu leur argent fructifier de plus de 938 %, soit 9,4 % par an, en taux composé. Ce fonds a battu l'indice MSCI World haut la main, de 406 %, soit 2,8 % par an, en taux composé au cours de ces deux décennies. Le cours d'une part de ce fonds a été multiplié par 3,6 rien qu'au cours des dix dernières années, soit un taux composé de 13,2 %, ce qui place ce fonds au troisième rang dans l'univers des fonds d'actions mondiales enregistrés au Royaume-Uni. Ce n'est pas un hasard si les fonds qui occupent la première et la deuxième place sont eux aussi gérés selon un style *quality growth* similaire.

Il faut cependant signaler que, pour déterminer quelles sont les entreprises championnes de la qualité, GMO emploie des critères qui, bien que similaires, ne sont pas identiques à ceux que je décris dans ce livre. En fait, notre processus est plus exigeant que le leur. La croissance perpétuelle doit faire partie des critères de qualité utilisés. Or dans son étude GMO prend simplement celles des entreprises de l'indice Standard & Poor's (S&P) qui figurent dans le premier tiers du classement au regard de ses indicateurs de qualité. Nous insistons sur un ensemble de critères plus stricts et, au lieu de prendre un percentile des entreprises arrivant en tête du classement, nous faisons du respect de chacun de ces critères un impératif absolu. De ce fait, notre univers est plus restreint, mais la qualité moyenne des entreprises qui le composent est supérieure à celle des entreprises de l'échantillon de GMO parce que la croissance perpétuelle est une partie additionnelle mais intégrante de l'équation.

On peut donc s'attendre à ce que l'écart positif de rendement soit également plus élevé, ce qui est bien le cas. Le tableau ci-dessous synthétise l'impact potentiel des taux de croissance supérieurs enregistrés par les

2. En se fondant sur l'hypothèse que la Bourse offre un rendement moyen de 6 % par an, ce qui est cohérent avec la moyenne historique à long terme.

entreprises *quality growth* de notre univers, en prenant pour ce faire le rendement des capitaux investis (RCI) comme variable représentative des dix critères *quality growth* que nous appliquons. Le rendement moyen des capitaux pour les soixante entreprises réunissant les conditions requises pour faire partie de notre univers aujourd'hui est de 18,8 % par an, contre 9,2 % par an pour les cinq cents entreprises qui composent l'indice S&P 500, le principal indice boursier américain. (C'est la rentabilité moyenne de l'univers à partir duquel nous sélectionnons nos titres et non celle des vingt-cinq à trente entreprises qui entrent effectivement dans la composition du portefeuille en cours.)

Il est important de noter que le différentiel de 9 % par an présenté par le rendement des capitaux investis n'est pas le seul facteur expliquant le rendement supérieur servi aux investisseurs. Le taux de distribution – la proportion des bénéfices qui est distribuée aux actionnaires – joue lui aussi un rôle important. La force des entreprises *quality growth* tient non seulement à leurs taux de rendement élevés, mais aussi à leur capacité à continuer de réinvestir leurs bénéfices à ces mêmes taux de rendement. Le taux de distribution moyen des entreprises constituant notre univers de valeurs *quality growth* est de 37 %. Celui de l'indice S&P 500 était plus élevé de six points de pourcentage en 2021, à 43 %. Cela contribue à expliquer pourquoi les entreprises *quality growth* offrent un rendement des dividendes inférieur à celui du marché au début d'une période donnée, mais des rendements totaux régulièrement supérieurs sur le long terme.

D'autres aspects importants de cette analyse sont présentés à la section suivante, mais ce qu'il faut retenir ici c'est que le rendement supérieur que l'investisseur peut assurément attendre d'un portefeuille d'entreprises *quality growth* tient en définitive au fait démontrable qu'elles gagnent considérablement plus d'argent et utilisent leurs capitaux beaucoup plus efficacement que les autres entreprises. Ce sont des machines à bénéfices composés et la théorie et l'expérience nous montrent à terme que cette capacité à générer des bénéfices doit se traduire, et se traduira, par des rendements de l'investissement élevés.

	Univers de Seilern Investment	Indice S&P 500
Rendement des capitaux investis, 2021	18,8 %	9,2 %
Taux de distribution, 2021	37 %	43 %
Rendement des dividendes, 2021	1 %	1,3 %
Rendement annuel total, 2008-2021	17 %	11 %

Source : Seilern Investment Management

Il est vrai que le prix à payer par les investisseurs pour acquérir ces actions à un moment donné peut varier énormément : parfois elles sembleront onéreuses et d'autres fois bon marché. À court terme, la relation entre, d'une part, le couple rendement des capitaux et croissance bénéficiaire généré par l'entreprise et, d'autre part, le rendement de l'investissement obtenu par l'actionnaire ne sera pas linéaire. Le rendement réel de l'investissement que ce type d'action procurera sur une période donnée sera déterminé par le prix payé au moment de l'achat et le prix constaté à un moment de valorisation ultérieur. Une discipline d'achat et de vente est donc un rouage essentiel du processus de l'investisseur *quality growth*. Même lorsqu'il s'agit d'une entreprise d'exception, nul ne veut acheter une action à un prix trop élevé ni la vendre à un prix trop bas. Le tout est de savoir à partir de quel prix une action est trop chère ou trop bon marché.

Cependant, on observe qu'avec le temps le rendement qu'un investisseur tire des valeurs *quality growth* converge lentement mais sûrement vers le taux de croissance composé de leur rentabilité. Autrement dit, plus vous détenez ces valeurs longtemps, moins leur prix d'acquisition initial importe. Si une entreprise peut générer un rendement des capitaux investis de 15 % par an sur vingt ans et une croissance bénéficiaire à deux chiffres, dans les périodes de prospérité comme de difficulté, on peut raisonnablement supposer que le rendement annuel composé de l'investisseur sera lui aussi à deux chiffres. Et c'est bien le cas.

Croissance des bénéfices *versus* appréciation du cours des actions

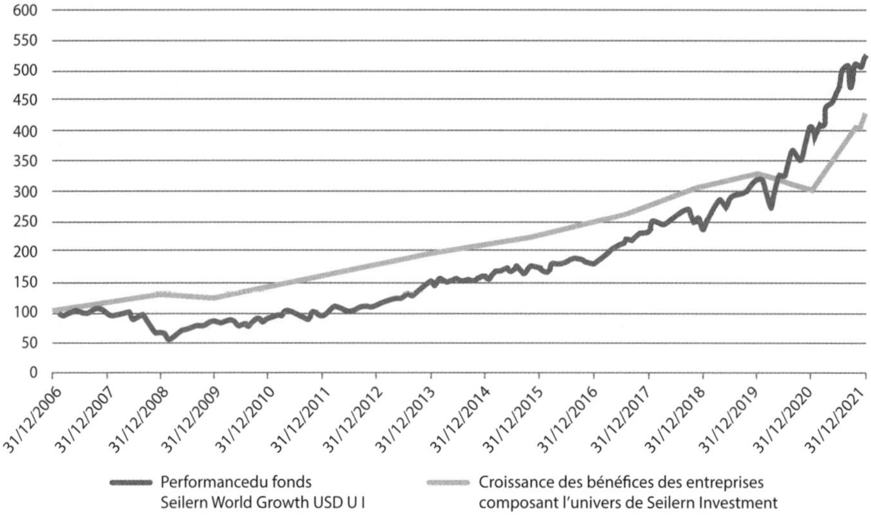

L'indice de la croissance des bénéfices des entreprises composant l'univers de Seilern Investment correspond au taux de croissance annuel médian des bénéfices des entreprises quality growth composant l'univers de Seilern Investment.

Source : Seilern Investment Management, Bloomberg, Factset

C'est l'une des raisons pour lesquelles ceux qui investissent dans des entreprises *quality growth* doivent (et préfèrent) être des investisseurs patients ayant un horizon de long terme, et non des *traders* ou des spéculateurs. Les investisseurs *quality growth* ne visent pas à gagner de l'argent rapidement. Ils ne recherchent pas des actions dont la valeur doublera en un mois ou en un an. Leur objectif consiste à préserver et faire fructifier sur un certain nombre d'années le capital qu'ils investissent. Or justement, en dépit des vicissitudes boursières, les entreprises championnes de la croissance de qualité s'apprécient imperturbablement sur le long terme.

C'est cette puissante combinaison de rendements à long terme supérieurs et de certitude qu'ils seront atteints qui fait de l'investissement dans les valeurs *quality growth* une stratégie si efficace et si fiable. C'est également ce qui démarque cette stratégie de celle employée par de nombreux investisseurs, pour qui les variations de cours, et non la performance sous-jacente de l'entreprise, sont l'alpha et l'oméga. Comme John Maynard Keynes, économiste et investisseur, le faisait remarquer il y a bien des années, le premier type d'investisseur espère gagner de l'argent grâce aux caractéristiques fondamentales de son investissement. Ceux qui ne s'intéressent qu'au cours du moment connaissent peu les activités de l'entreprise ou ne s'en soucient guère, et mieux vaut les considérer comme des spéculateurs, un animal très différent.

Le risque

Si le premier argument en faveur de l'investissement dans des valeurs *quality growth* est la certitude que des entreprises exceptionnelles généreront des rendements de l'investissement exceptionnels, le second est la prise de conscience que ces rendements peuvent être obtenus en prenant un risque inférieur à la moyenne. Le risque inhérent à l'investissement est un sujet complexe, mais pas au point de ne pouvoir être compris dans le contexte qui nous intéresse. Le grand avantage d'une approche *quality growth* est que les atouts fondamentaux de l'entreprise détenue par l'investisseur constituent un puissant rempart protecteur contre le risque d'une perte en capital définitive. Il est important d'expliquer ce que cette définition du risque implique et pourquoi c'est si fondamental pour la réussite de l'investissement.

L'investisseur moyen considère généralement que le risque est la façon dont la valeur de son investissement évoluera en l'espace d'une journée ou d'une semaine. Dans le monde de l'enseignement, de même, la mesure privilégiée du risque est la volatilité, ou variabilité, du cours que l'on observe chaque fois qu'une action ou un autre type d'investissement change de mains. Les gros titres de la presse et de la télévision reprennent et confortent cette conception du risque en mettant l'accent sur le nombre de milliards que la Bourse « perd » à chaque fois qu'elle chute dans la journée (notons au passage qu'une hausse de la Bourse se voit rarement accorder un traitement équivalent). L'hypothèse sous-jacente est que plus le cours d'une action grimpe, plus le risque est censé être élevé.

Or cette conception du risque est totalement trompeuse et très dangereuse. Nul doute que si un investisseur doit acheter ou vendre une valeur mobilière un jour donné, le cours du moment revêtira une grande importance. Il serait alors fâcheux que le cours monte ou baisse d'un pourcentage conséquent quotidiennement. Cependant, dans la pratique, pour la plupart des investisseurs (contrairement aux *traders*) ces occasions sont rares, et il s'agit en majorité d'une démarche volontaire et non forcée. Quiconque expérimente directement le fonctionnement des marchés financiers comprend rapidement que les variations à court terme des cours peuvent s'expliquer par une multitude de facteurs, mais que ceux-ci sont la plupart du temps passagers ou irrationnels et presque toujours accessoires pour le sort du type d'entreprises qu'un investisseur *quality growth* détient.

Comme nous l'avons vu, sur le long terme, ce qui fait la réussite d'un investissement, c'est plus la mesure dans laquelle les fondamentaux de l'entreprise – ses bénéfices, ses cash-flows et son bilan – progressent bien. Selon la formule célèbre de Benjamin Graham, une légende de l'investissement *value*, à court terme la Bourse est une machine à voter, le cours des actions étant déterminé par ce que la majorité des investisseurs pensent sur le moment, mais à long terme c'est une machine à peser, les fondamentaux devenant les principaux déterminants de l'évolution des cours. Le corollaire est que la question primordiale pour l'investisseur ayant un horizon de long terme n'est pas de savoir si le cours de ses actions augmente ou diminue demain, mais de savoir si les fondamentaux de l'entreprise s'amélioreront ou se détérioreront cette année, l'année suivante et celle d'après.

Si ces fondamentaux se détériorent et que le management est incapable de corriger la situation, l'investisseur sera sans aucun doute exposé à un risque de perte en capital définitive. Sur le plan du risque, il est nettement plus important pour l'investisseur d'être protégé contre une perte irrémédiable d'argent que de s'inquiéter de savoir si, et de combien, ce qu'il détient s'est apprécié ou déprécié d'un jour sur l'autre. C'est pourquoi il est totalement erroné d'utiliser la volatilité comme mesure du risque. Bien sûr, la volatilité mesure un certain type de risque, mais ce risque est relativement trivial, fréquemment secondaire, et ne dit rien sur le risque qui importe beaucoup plus – à savoir si le capital de l'investisseur est menacé.

Il se trouve que le cours des actions des entreprises *quality growth* est en général *vraiment* moins volatil que celui de l'entreprise moyenne cotée en Bourse, pour autant ce n'est pas la principale raison pour laquelle ces entreprises constituent des investissements fondamentalement moins risqués. Une autre étude de GMO, réalisée en 2012, montre que si les entreprises de qualité génèrent des rendements supérieurs à la moyenne sur le long terme, l'écart est en fait plus marqué quand le marché est baissier, période durant laquelle le cours des actions a tendance à s'orienter vers le bas. Les marchés ne sont pas souvent baissiers, mais lorsqu'ils le sont cela peut avoir des effets dévastateurs sur le patrimoine. Au cours des vingt-deux dernières années seulement, les marchés boursiers se sont effondrés deux fois d'au moins 50 %, de leur plus haut à leur plus bas, sur une période relativement courte (en 2000-2002 et en 2007-2009).

C'est dans ces périodes que le risque de perte irrémédiable peut se concrétiser. Les entreprises boiteuses ou médiocres vont dans le mur, celles au bilan grevé par une dette excessive les premières. Peu d'investisseurs ne voient pas le cours de leurs actions diminuer. Quiconque détient une entreprise en faillite ou doit vendre des actions pour disposer de liquidités subit une perte en capital définitive. Les investisseurs *quality growth* ne sont pas à l'abri d'un plongeon des marchés. La différence, cependant, est qu'ils seront généralement beaucoup moins touchés, car les entreprises qu'ils détiennent en portefeuille continueront, grâce à leurs fondamentaux solides, à gagner de l'argent. Ils ne risquent certainement pas d'être ruinés, et toute perte en capital sera une perte latente temporaire et non une perte définitive.

D'après l'étude de GMO, en période de marché baissier, le cours des actions des entreprises de qualité est supérieur en moyenne de 3 à 5 % par an à celui de l'ensemble du marché. Comme des rendements négatifs se cumulent tout autant que des rendements positifs, il s'ensuit que les baisses que les investisseurs *quality growth* subissent en période de marché baissier sont considérablement moins prononcées que celle du marché dans son ensemble. Quand un marché cesse d'être baissier, ce qui se produit habituellement au bout de dix-huit mois à deux ans, l'investisseur *quality growth* – même s'il n'a pas pris de mesures de précaution pour amortir la chute – sera donc beaucoup mieux placé pour bénéficier des fruits de la période d'expansion qui suit. Il retrouvera son capital intact après la chute de la Bourse[3].

La question de bon sens que l'investisseur doit se poser est la suivante. En période de crise, quel type d'investissement vaut-il mieux pour moi détenir : des actions dans une entreprise ayant une croissance de grande

3. Il est vrai que, à très court terme, dans les premiers jours d'un effondrement de la Bourse les actions des grandes entreprises de qualité peuvent chuter plus fortement que celles des entreprises plus risquées parce que ce sont les seules actions pouvant être vendues rapidement par les sociétés d'investissement à court de liquidités ou en proie à la panique (illustration du facteur « liquidités » décrit au chapitre suivant). Sur la durée de la phase baissière, cependant, les résultats de l'étude de GMO se vérifieront.

qualité, qui existe depuis longtemps et qui est constamment rentable et sans dettes, ou des actions dans une entreprise qui a beaucoup emprunté dans le passé pour gonfler ses revenus, essuiera des pertes en cas de ralentissement économique et devra passer des semaines à négocier âprement avec ses banquiers pour éviter la faillite ? Pour quiconque tient à préserver son capital, la réponse à cette question devrait être évidente. Certes, les entreprises plus risquées peuvent davantage s'apprécier quand tout va bien, mais ceux qui investissent dans des entreprises dont la croissance est vraiment d'une grande qualité savent que leur capital sera toujours préservé et qu'ils passeront le cap.

Pour citer les conclusions de l'étude de GMO : « Les entreprises ayant une rentabilité exceptionnelle ne font pas faillite. Les entreprises ayant une rentabilité exceptionnelle génèrent des rendements exceptionnels. De même, les entreprises ayant de faibles bénéfices enregistreront des résultats médiocres. Cela vaut non seulement au niveau de l'entreprise, mais aussi au niveau du marché. Ce sont les bénéfices qui conditionnent en définitive les rendements. Cela plaide fortement en faveur d'un cadre d'investissement et de gestion des risques axé sur la durabilité des bénéfices de l'entreprise quel que soit le scénario ». C'est la conviction profonde de l'investisseur *quality growth*.

Les grands facteurs de risque

L'expérience montre que le risque de perte en capital réside souvent avant tout dans le comportement du propriétaire de ce capital. En période faste, il doit résister à la tentation de prendre ses bénéfices simplement pour les matérialiser. Selon un vieux proverbe de la City de Londres, « un bénéfice est un bénéfice ». Ce n'est pas ainsi que l'investisseur *quality growth* doit raisonner. Il sait que le temps joue en sa faveur. Il a les meilleurs coureurs sur le terrain, aussi devrait-il rester assis tranquillement en attendant qu'ils distancent les autres.

Pourtant, de nombreux investisseurs ne peuvent s'empêcher d'agir. Il ne se passe pas d'annonce ou d'événement important sans qu'ils veuillent ajuster leur portefeuille. Ils établissent une nouvelle liste d'achat après un discours sur le budget ; ils sont prêts à réaliser des transactions après une variation des taux d'intérêt ; ils éprouvent le besoin de réagir au résultat d'une élection. C'est presque toujours une inutile perte de temps et d'argent. C'est également ce qui contribue à créer de la volatilité à court terme sur les marchés boursiers.

Comme indiqué plus haut, assimiler la volatilité des cours au risque est une erreur, mais il est facile de la commettre si l'investisseur est enclin à réagir sous le coup de l'émotion face aux fluctuations quotidiennes de la valeur de son portefeuille. Plus les investisseurs nerveux sont nombreux, plus forte est la volatilité qu'ils sont susceptibles d'engendrer, car la baisse des cours est accentuée par la panique et les suiveurs de tendance. L'inverse est vrai : une hausse des cours encourage également les suiveurs de tendance et les investisseurs avides de gain ou impulsifs, ce qui conduit les marchés à monter excessivement. Le point essentiel est que, durant ces périodes, ce n'est pas l'entreprise qui est à l'origine de la volatilité mais l'état d'esprit de l'investisseur inquiet ou exubérant. C'est le triomphe de l'émotion sur la raison.

Malheureusement, ce type d'achats et de ventes indisciplinés faits au coup par coup grignote la valeur du portefeuille et augmente le risque de perte en capital définitive. En effet, à chaque achat ou vente, l'investisseur doit s'acquitter de frais et de taxes qui constituent un coût payé en puisant directement dans le capital. C'est peut-être un coût relativement faible en pourcentage du montant de l'achat ou de la vente, mais cet argent est parti pour de bon et dans le cas d'un investisseur hyperactif l'addition de chacun de ces coûts peut représenter une somme non négligeable. Pour constituer une utilisation justifiée du capital, toute transaction doit donc se traduire par un gain financier permanent qui permet de récupérer le capital ainsi perdu.

De nombreux investisseurs aiment prendre leurs bénéfices après la hausse du cours d'une action en espérant ou escomptant pouvoir racheter cette action moins cher si son cours diminue. Cette pratique, appelée *market timing*, peut être très coûteuse. Pour qu'elle porte ses fruits, vous devez prendre correctement deux décisions : premièrement, vendre au bon moment ; deuxièmement, racheter au bon moment. Trompez-vous à un moment ou l'autre et la perte sera irrémédiable. Intervenir trop fréquemment sur le marché augmente le risque de se tromper. C'est l'une des raisons pour lesquelles de nombreux fonds gérés par des professionnels ne donnent pas d'aussi bons résultats qu'ils le devraient. Cela explique également pourquoi les gérants de fonds subissent des pressions grandissantes pour réduire leurs commissions de gestion : les efforts déployés actuellement pour accroître la transparence des coûts de transaction mettent en lumière le fait que ces derniers peuvent peser lourdement sur la performance d'un fonds.

Résister à la tentation de remanier souvent le portefeuille d'investissement contribuera considérablement à préserver et valoriser le capital. Un portefeuille constitué d'entreprises dont la croissance est réellement de qualité fructifiera si vous le laissez devenir mature. Les bons investissements rémunèrent habituellement l'investisseur patient. De plus, en s'abstenant d'opérer des allers-retours sur le marché, l'investisseur économise du temps qu'il peut consacrer à exploiter et affiner sa connaissance de l'univers d'où proviennent les titres qui composent son portefeuille. Autrement dit, connaissez bien l'entreprise et les rendements suivront. Le cours de l'action aujourd'hui ou demain est un facteur secondaire.

Le risque est dans l'œil de celui qui regarde

Selon une autre opinion couramment répandue, pour obtenir des rendements plus élevés l'investisseur doit prendre plus de risques. Malheureusement, c'est faux. Quand on mise tous ses jetons sur le rouge à la roulette, on prend le risque de perdre tout son argent pour une chance de doubler sa mise. On peut difficilement imaginer une proposition plus risquée ; pourtant, personne n'oserait suggérer qu'il serait judicieux pour un investisseur de procéder ainsi. L'idée selon laquelle l'obtention de rendements supérieurs passe par une prise de risque accrue est erronée, de même que l'idée selon laquelle les actifs peu risqués, tels qu'ils sont traditionnellement définis, le sont vraiment.

Le placement le plus sûr de tous consiste, dit-on, à déposer de l'argent à la banque sur un compte rémunéré, et le second placement le plus sûr à prêter de l'argent à un pays en souscrivant à des emprunts d'État. Ce sont deux idées fausses et dangereuses. Examinons d'abord le premier placement. Quand vous déposez de l'argent sur votre compte en banque, techniquement, vous accordez un prêt non garanti à la banque en échange du versement d'intérêts (du moins si vous avez de la chance en cette ère où les taux d'intérêt sont si bas que le déposant peut s'attendre à ce que son dépôt lui rapporte des intérêts infimes, voire nuls).

Cependant, pourquoi devrait-on faire confiance à la banque pour rembourser le prêt ? Le terme « non garanti » signifie bien ce qu'il veut dire : rien, ni sûreté ni caution, n'assure que la banque tiendra sa promesse de rembourser. Si elle fait faillite, la banque peut rembourser le prêt en utilisant l'argent que lui ont remboursé les personnes à qui elle a prêté, mais dans quelle mesure ces personnes sont-elles solvables ? Nul ne peut le savoir avec certitude. Durant la crise de 2013, les clients des banques à Chypre ont appris douloureusement à leurs dépens que les banques et les gouvernements peuvent n'avoir aucun scrupule à faire passer leurs intérêts politiques avant l'obligation pour les banques de rembourser leurs déposants[4].

Abstraction faite de ce type d'exemples choquants de vol légalisé, le fait est qu'aucun déposant bancaire ne peut savoir si son argent est employé judicieusement ou de façon irresponsable. Il est vrai que la plupart des États garantissent effectivement les dépôts bancaires dans une certaine limite (85 000 £ par établissement financier au Royaume-Uni ; 100 000 € dans l'Union européenne), mais cette garantie de l'État peut avoir pour effet paradoxal d'encourager les banques, sachant qu'elles n'auront pas à rendre compte de cet argent, à prendre plus de risques avec l'argent de leurs déposants que si cette garantie n'existait pas. C'est l'une des raisons pour lesquelles la crise du crédit de 2007-2009 a été si grave.

Les emprunts d'État non plus ne sont pas le placement peu risqué que la théorie financière donne à croire. Aujourd'hui, une grande partie des emprunts émis par les pays européens offrent un rendement réel négatif, ce qui signifie que leurs détenteurs payent en fait les États pour avoir le privilège de leur prêter de l'argent. L'investisseur qui a souscrit à un emprunt d'État ne reçoit pratiquement aucun intérêt et, même s'il est sûr que son capital lui sera restitué à une date prédéfinie, il ne sait absolument pas ce que son capital vaudra encore par rapport au montant initial prêté. En effet, l'inflation est le pire ennemi d'un investissement à revenu fixe, et tout signe de résurgence de l'inflation est synonyme de perte réelle et permanente de pouvoir d'achat. On peut difficilement considérer qu'une obligation à rendement nul, voire négatif, est une proposition sans risque. La récente hausse prononcée des taux d'inflation dans le monde a ravivé ce débat.

---

4. Le sauvetage du système bancaire chypriote a été payé au prix fort : les responsables politiques de la zone euro ont unilatéralement forcé les clients des banques chypriotes à céder une part considérable de l'argent qu'ils avaient en dépôt en banque.

Pour l'investisseur, la question devient donc la suivante : vaut-il mieux que je prête mon argent à une banque, que je le prête à un État à l'intégrité douteuse ou que je l'investisse de manière à participer au succès des entreprises les meilleures et les plus réputées au monde, celles qui enregistreront une croissance exceptionnelle durant de nombreuses années, en bénéficiant de bilans à toute épreuve et en n'ayant guère ou aucunement besoin de s'endetter ? Vu sous cet angle, il n'y a qu'une seule réponse logique.

Certes, il existe d'autres facteurs qui influent sur les rendements et qui échapperont toujours au contrôle de l'investisseur. Ainsi, que la vie d'investisseur d'une personne coïncide avec une période de prospérité ou de difficultés est une question de chance. Rien n'a pu éviter aux souscripteurs d'emprunts russes de tout perdre en 1917 quand les bolcheviks ont pris le pouvoir, pour citer l'exemple le plus extrême.

Les investisseurs au Royaume-Uni ou aux États-Unis qui ont réalisé leurs premiers placements boursiers au début des années 1980 ont eu la bonne fortune d'entrer sur le marché à l'aube de ce qui s'est révélé être l'une des décennies les plus rémunératrices de toute l'histoire des investissements en actions. Il était difficile de se tromper : en dépit du krach boursier d'octobre 1987, et d'une grave récession quelques années plus tard, presque toutes les actions se sont appréciées plus ou moins régulièrement. Les investisseurs japonais ont eux aussi bénéficié de rendements exceptionnels au cours de cette décennie, mais ceux qui se sont lancés dans les années 1990 ont dû souffrir de rendements médiocres pendant près de vingt ans.

Cette expérience a été le pendant de ce qui s'est passé dans les années 1970, décennie au cours de laquelle la plupart des investisseurs ont subi de lourdes pertes sous l'effet de deux chocs pétroliers, d'une flambée de l'inflation et d'une récession mondiale. Les investisseurs au Japon s'en sont nettement mieux sortis comparativement durant cette sombre période, la Bourse continuant d'apprendre à apprécier l'ampleur de ce que l'on appelle le miracle japonais de l'après-guerre, à savoir l'émergence du Japon comme nouvelle puissance économique et de nouveaux fleurons industriels comme Sony et Toshiba.

La révolution des télécommunications et de l'informatique qui s'est déroulée ces trente dernières années a constitué une immense avancée pour la génération actuelle d'investisseurs. Elle a permis une véritable mondialisation des marchés d'actions, d'obligations et de devises. Il est devenu simple et relativement peu coûteux pour un investisseur d'investir dans les entreprises et économies du monde entier, ce qui était impossible il y a seulement une ou deux générations. La libre circulation des capitaux, l'indépendance des banques centrales et la mondialisation de l'industrie et du commerce ont augmenté massivement le nombre des possibilités d'investissement disponibles et la facilité avec laquelle on peut y accéder.

Des experts affirment que certains types d'investissement, notamment de nombreuses catégories d'actions, ne sont pas « pour la veuve ou l'orphelin ». C'est également trompeur. Un bon investissement est un bon investissement, quel que soit son détenteur. L'évolution du cours d'une action ne dépend pas de l'âge ou du statut de l'investisseur. Comme le dit le proverbe, « l'action ne sait pas que vous la détenez ». Si les entreprises *quality growth* comptent parmi les investissements les plus sûrs et les plus rémunérateurs, et sont considérées à juste titre comme une classe d'actifs indépendante, il semble étrange de tenter d'empêcher quelqu'un de partager leur succès, quel que soit son statut social.

Ces dernières années ont vu de nombreuses chutes lourdes et généralisées de la Bourse, qui ont suscité la crainte d'un marché baissier et provoqué une montée en flèche de la volatilité. Pour l'investisseur *quality growth* qui garde son sang-froid, la volatilité ne rend pas l'investissement plus risqué, mais offre des occasions en or d'acquérir un plus grand nombre de bonnes entreprises à un meilleur cours qu'avant. Par conséquent, loin d'être un risque, la volatilité peut souvent être un phénomène positif pour l'investisseur dont la raison, et non l'émotion, guide les agissements.

L'essentiel à retenir est que les entreprises *quality growth*, globalement, offrent une puissante combinaison de rendements supérieurs à la moyenne et de risque inférieur à la moyenne. Elles évolueront bien en période d'expansion et seront résilientes face aux récessions et autres chocs économiques. L'investisseur patient et objectif qui les détient aura moins de coûts de transaction. Il peut s'attacher à connaître dans les moindres détails les entreprises dans lesquelles il a investi son épargne, car il n'y a pas de garantie – seulement une forte probabilité – qu'une entreprise dont la croissance est de grande qualité continuera à générer les résultats financiers qui ont amené l'investisseur à s'y intéresser à l'origine.

L'investisseur *quality growth* doit, bien entendu, être attentif au moindre signe que l'entreprise est en train de perdre son avantage concurrentiel. Cela exige d'avoir le courage de changer d'avis et de vendre, même à perte, si les circonstances ont changé et qu'un investissement n'offre plus la perspective d'un rendement intéressant. Parfois, cela devient une nécessité. Il est donc impératif de poursuivre les recherches et de suivre la performance. Lors d'un marché baissier, l'investisseur *quality growth* a l'assurance que la valeur de son portefeuille remontera quand la conjoncture s'améliorera. Les entreprises *quality growth* obtiennent de bons résultats dans presque tous les contextes économiques – sur le long terme, l'investisseur peut être sûr que la croissance bénéficiaire nette de 12-15 % d'une d'entreprise se traduira par des rendements de l'investissement du même ordre de grandeur.

L'état d'esprit de l'investisseur

Que, pourrait-on en déduire, ne faut-il pas faire ? La réponse est que cela tient aux connaissances et au tempérament de l'investisseur. On pense souvent qu'investir doit être une entreprise périlleuse et passionnante – ou, à tout le moins, l'opposé d'une activité calme et méticuleuse. Quiconque décrit la Bourse comme étant un casino (pour le meilleur ou pour le pire) part du mauvais pied. Bien investir requiert de la modestie, de la persévérance et un horizon de long terme. Il faut réprimer ses émotions, s'affranchir des phénomènes de mode et ignorer le chant des sirènes pressant d'agir quotidiennement.

Certains investisseurs évitent tout risque, même s'il est illusoire. Ils refusent de tolérer même les moins-values latentes. Ils sont anxieux à l'idée que l'investissement en actions puisse perdre de sa valeur à tout moment. Cependant, dès lors que l'entreprise ayant émis ces actions est solide, ils devraient se dire que leur cours rebondira en son temps. L'investisseur devrait penser aux actions comme il penserait à sa maison. Supposons que sa maison soit située au bon endroit. L'investisseur peut alors être sûr que sa valeur augmentera avec le temps, et il ne sert à rien d'appeler un agent immobilier tous les jours pour le vérifier. Certes, un investissement doit être surveillé, de même que le propriétaire doit vérifier la toiture de sa maison de temps à autre, mais c'est une erreur de s'en préoccuper tout le temps.

L'investisseur qui suit les conseils formulés dans ce livre construira un portefeuille de qualité d'actions, conçu pour survivre aux marchés baissiers avec le moins de dégâts possibles et pour reprendre son essor quand l'optimisme revient et que la croissance bénéficiaire des entreprises aux bilans solides se reflète à nouveau dans leurs cours. À ce jeu, la tortue persévérante l'emportera toujours sur le lièvre impatient.

Surtout, l'investisseur doit veiller à ce que son argent soit préservé et fructifie quelles que soient les vicissitudes auxquelles la sphère politique, l'économie ou les marchés peuvent le soumettre. Si les vicissitudes de ces facteurs extérieurs présentent souvent des caractéristiques qui leur sont propres, dont bon nombre sont apparemment incontournables, le bon sens veut que ce soient les investissements eux-mêmes qui importent vraiment.

S'il se concentre sur les entreprises répondant à ces critères exigeants, l'investisseur verra à terme sa patience récompensée, et ce abondamment.

Chapitre 2

Tableau d'ensemble

Les bons managements font tout ce qui est en leur pouvoir pour pérenniser et accroître la rentabilité de leur entreprise en période de haute ou de basse conjoncture. Pour autant, même les entreprises dont la croissance est de la plus haute qualité n'échappent pas aux évolutions générales de l'économie, de la politique et de la société. L'investisseur *quality growth* doit savoir quelles sont ces évolutions et les suivre de près – mais il importe aussi qu'il s'attache à celles présentant de l'intérêt dans le contexte de sa stratégie d'investissement.

Ce chapitre examine plus en détail la façon dont ces évolutions générales peuvent, et devraient, influer sur la décision de l'investisseur. Si les entreprises dont il est actionnaire seront toujours au cœur de ses préoccupations – puisqu'elles sont le moteur générant les rendements que lui procurent ses investissements – parfois d'autres facteurs s'inviteront inévitablement. Toute la difficulté consiste à toujours répondre de façon mesurée aux événements, dont on parlera souvent beaucoup dans les médias et dans la vie courante, mais qui ne présenteront pas toujours autant d'intérêt ou d'importance qu'il y paraît de prime abord.

Qu'est-ce qui impulse les marchés ?

L'investisseur doit toujours être attentif aux trois ingrédients qui façonnent un marché et expliquent son comportement, qu'il monte ou baisse. Ces trois facteurs sont la croissance, les liquidités et la valorisation. Avec le temps, chacun d'entre eux peut évoluer, soumettant l'investisseur à la tentation d'apporter des ajustements à son portefeuille. Il est souvent judicieux de résister à cette tentation.

Croissance

La croissance est l'un des déterminants de la performance de la Bourse. Un marché haussier reflète la croissance économique du pays. La hausse du cours des actions exprime la hausse des bénéfices des différentes entreprises qui constituent le tissu économique du pays. Ce qui caractérise la Bourse, cependant, c'est que le cours des actions augmente généralement dans l'anticipation d'un accroissement des bénéfices et est lui-même un des principaux indicateurs avancés du développement économique futur. Cet indicateur avancé fonctionne aussi dans l'autre sens. Une baisse notable du cours des actions présage fréquemment une détérioration économique qui se produira quelques mois après.

Le plus souvent, le rôle d'indicateur avancé joué par la Bourse explique pourquoi, comme le dit le proverbe, la Bourse a « toujours raison ». C'est un fait observable : quand les statisticiens d'un pays déclarent qu'une récession économique a eu lieu, on s'aperçoit que le début de la récession a toujours été précédé par une chute de la Bourse quelques mois auparavant. C'est la fonction de la Bourse d'être tournée vers l'avenir et d'anticiper l'évolution future de la croissance économique. Rétrospectivement, on peut dire qu'elle remplit bien ce rôle. Le seul problème est que, si toutes les récessions sont précédées d'une baisse de la Bourse, une baisse de la Bourse n'est pas toujours le signe annonciateur d'une récession à venir.

Autrement dit, la Bourse peut aussi émettre des faux signaux et, généralement, cela se produit quand les investisseurs cèdent à leurs émotions ou quand des annonces surprenantes nourrissent des craintes ou espoirs irrationnels. Ces épisodes sont l'une des forces motrices de la volatilité boursière. C'est durant ces périodes que le cours des actions peut s'écarter de leur valeur fondamentale, offrant à l'investisseur éclairé la possibilité de réaliser de bonnes affaires. Cela fait partie du travail de l'analyste de s'employer à distinguer les replis boursiers annonciateurs d'un fléchissement de la croissance économique de ceux qui ne sont qu'un faux signal.

Comme expliqué au chapitre précédent, même si le portefeuille d'un investisseur *quality growth* se compose d'entreprises qui continueront de croître durant une récession, un recul de la Bourse l'affectera quand même. Pour l'investisseur chevronné, aux nerfs d'acier et aux liquidités bien fournies, toutefois, un marché baissier présente toujours en fin de compte de nouvelles occasions d'achat. En effet, un jour ou l'autre l'économie commencera à se redresser et, quelques mois auparavant, la Bourse aura commencé de remonter. L'investisseur capable de déterminer quand ce moment surviendra pourra réaliser des gains substantiels en achetant un plus grand nombre d'actions de ses entreprises *quality growth* favorites.

Acquérir des actions *high quality growth* quand les cours sont déprimés par la situation économique générale est un moyen infaillible pour que le portefeuille génère des rendements supérieurs durant de nombreuses années à venir. Toutefois, identifier quel est le bon moment pour les acquérir est plus facile à dire qu'à faire. En effet, c'est précisément lors de ces plus bas que les investisseurs, encore ébranlés par de lourdes pertes, seront les plus anxieux et que les médias regorgeront de sombres nouvelles et d'exemples de revers de fortune.

Rien ne peut changer le fait que les bénéfices de l'entreprise au total peineront à augmenter si l'économie du pays connaît une panne de croissance générale. L'univers de l'investisseur *quality growth*, cependant, est – par choix – limité aux entreprises qui ont prouvé leur capacité à enregistrer une croissance supérieure dans presque tous les types de scénarios économiques. Leur performance financière sera meilleure que celle de la plupart des autres entreprises durant les marchés baissiers et sera excellente durant les phases de reprise qui suivront. Le taux de croissance économique constituera toujours un facteur qui détermine et limite l'ampleur de la croissance qu'une entreprise peut réaliser en termes absolus.

Il importe de faire la distinction entre la croissance économique nominale et la croissance économique réelle. La première est la croissance apparente de l'économie d'une période à l'autre. La seconde est, chose bien plus importante, le taux de croissance après déduction du taux d'inflation que connaît l'économie. La croissance nominale ne raconte que la moitié de l'histoire. L'autre moitié, c'est la problématique de l'orientation des prix. L'inflation rampante est dangereuse ; la déflation persistante, c'est-à-dire la baisse générale du niveau des prix, l'est encore plus. Une baisse généralisée des prix dans une économie risque de transformer une expansion économique à court terme en une récession, suivie dans le pire des cas d'un choc déflationniste comme celui qui a conduit à la Grande Dépression des années 1930. C'est un scénario cauchemardesque, qui dévasterait assurément la Bourse s'il se concrétisait à nouveau.

À l'heure actuelle, où les consommateurs utilisent de plus en plus Internet pour faire le tour des magasins et, ce faisant, tirent les prix vers le bas, les expansions et récessions sont généralement moins marquées qu'avant. L'inflation s'est maintenue à des niveaux très bas, du moins à en juger selon les critères du XXe siècle, de nombreuses années jusqu'à récemment. Elle est repartie en 2021, notamment en raison de la forte réduction des dépenses d'investissement dans les énergies fossiles polluantes. Cette réduction est le résultat inévitable de l'attention accordée par le monde au changement climatique et de la volonté des gouvernants de développer les énergies propres. Les plateformes pétrolières et gazières attirant moins les investissements institutionnels et publics, les prix de l'énergie ne pouvaient qu'exploser, et ce d'autant plus qu'il faut encore des milliards de dollars en recherche et investissement pour concrétiser les possibilités d'alimentation en énergies propres et vertes et que ces énergies ne seront pas disponibles couramment avant plusieurs années.

Avec la montée de l'inflation, les entreprises cycliques verront leurs marges s'éroder, car il leur est difficile de répercuter la hausse des coûts sur leurs clients. C'est une autre raison pour laquelle les entreprises *quality growth* ont obtenu de si bons résultats en 2021. Ces entreprises comptent parmi les rares à pouvoir encore imposer des hausses de prix dans un monde où l'énergie coûte de plus en plus cher ou à pouvoir maintenir leurs marges en augmentant les prix en période d'inflation.

Le plus grand danger encouru par l'investisseur sur le plan de la croissance est l'impact potentiel des événements exogènes rares, hors de son contrôle, susceptibles d'engendrer un marasme économique, comme durant les chocs pétroliers des années 1970. (Les guerres commerciales ou les conflits militaires entre superpuissances sont deux autres exemples caractéristiques.)

Liquidités

Le cycle économique et le comportement de la Bourse dépendent aussi d'un deuxième paramètre, à savoir le volume des liquidités disponibles dans l'économie mondiale ou nationale. Le terme « liquidités » désigne au sens large la quantité d'argent, ou pouvoir d'achat, dont disposent les consommateurs, les producteurs et les États. Il a plusieurs déclinaisons. Au sens macroéconomique du terme, les liquidités correspondent à la quantité d'argent en circulation ou disponible sous la forme d'emprunts auprès des banques. Il est à noter que, par leur politique monétaire, les banques centrales influent considérablement sur le niveau des liquidités à disposition du système bancaire à un moment ou l'autre. Au sens microéconomique, les liquidités correspondent au montant de l'argent non investi inscrit sur les comptes des institutionnels et des ménages. Pour les ménages, cela s'appelle l'épargne : la différence entre les revenus et les dépenses.

Les liquidités sont un paramètre important pour les investisseurs parce qu'elles sont l'huile qui lubrifie l'économie et ont une incidence majeure sur la quantité d'argent qui s'investit dans les marchés d'actions et d'obligations. De nos jours, les banques centrales ont toutes les cartes en main en matière de liquidités. Elles sont habilitées à réduire ou augmenter à leur gré la quantité d'argent. Elles usent de cette faculté dans l'objectif de contrôler l'inflation et le taux de croissance économique. Ainsi, lors de la crise financière mondiale de 2008 et les années suivantes, les banques centrales ont utilisé leurs pouvoirs pour créer *ex nihilo* de l'argent à profusion (politique dite de l'assouplissement quantitatif). Cet argent frais est ensuite mis à la disposition du système bancaire dans l'espoir d'inciter les banques à prêter plus volontiers. Parallèlement, la banque centrale s'emploie à rendre inintéressante pour les banques la détention de réserves excédentaires, parfois en appliquant des taux d'intérêt négatifs aux sommes qu'elles mettent en dépôt auprès d'elle.

Au moment de la rédaction du présent ouvrage, les liquidités en circulation dans l'économie demeurent abondantes, bien que la fin de l'assouplissement quantitatif soit attendue dans les mois ou années à venir. Beaucoup considèrent cette abondance comme un facteur explicatif de la forte progression des marchés boursiers observée ces dix dernières années. L'injection massive de liquidités par les banques centrales vise à contrer les anticipations déflationnistes qui brident la consommation des ménages et les dépenses d'investissement des entreprises, deux des principaux moteurs de la croissance économique. Un fabricant de chaussures ralentira sa production de chaussures s'il s'attend à les vendre à perte. De même, un consommateur s'abstiendra d'acheter des chaussures s'il pense qu'elles seront moins chères dans quelques mois. Cependant, les prochains mois et trimestres devraient trancher la question de savoir si le regain d'inflation actuel est transitoire ou si l'inflation s'est installée plus durablement. Quelle que soit la réponse, les entreprises *quality growth* devraient continuer largement à ne pas être affectées.

La croissance économique est lente depuis plusieurs années dans le monde, ce qui, conjugué à la faiblesse des taux d'inflation, a eu un effet dépressif sur un autre facteur qui influe considérablement sur les marchés d'actions et d'obligations, à savoir les taux d'intérêt. L'atonie de la croissance a maintenu les taux d'intérêt à un niveau bas, réorientant l'argent oisif vers la consommation et l'investissement. Les taux d'intérêt jouent un rôle important dans les liquidités des portefeuilles d'investissement. Plus ils montent, plus les dépôts à échéance fixe et les comptes d'épargne constituent un placement plus intéressant que les actions et les obligations. Une augmentation des taux d'intérêt oblige en outre les entreprises à y réfléchir à deux fois avant d'emprunter. Lorsque ces deux importantes tendances confluent, les liquidités se réduisent graduellement et la réticence à acquérir des actions se mue en refus et incapacité d'investir.

Les investisseurs doivent être attentifs à la politique des banques centrales, notamment à l'évolution des taux d'intérêt et du niveau des liquidités, car ce sont des déterminants primordiaux du volume d'argent qui afflue sur les marchés financiers et des conditions économiques dans lesquelles les entreprises de tous types doivent opérer. En particulier, la mesure dans laquelle la Réserve fédérale des États-Unis et les autres grandes banques centrales assouplissent ou durcissent leur politique monétaire est un paramètre qui influe de façon décisive sur les futurs taux d'intérêt et de croissance économique, qui sont eux-mêmes d'importants déterminants de l'évolution future de la rentabilité des entreprises.

Valorisation

La question de savoir comment l'investisseur doit procéder pour déterminer la valeur des différentes entreprises *quality growth* dans lesquelles il envisage d'investir est examinée au chapitre 5. Dans cette section, nous étudierons comment la Bourse, dans son ensemble, est valorisée. Comme susmentionné, le rôle d'une Bourse est d'actualiser les bénéfices futurs de chacune des entreprises cotées, en utilisant un taux d'intérêt, pour indiquer la valeur actuelle de ces bénéfices. Cette valeur est souvent exprimée par le *price-to-earnings ratio* (PER), c'est-à-dire, dans le cas d'une entreprise, sa valeur boursière exprimée comme un multiple de ses bénéfices actuels. Un PER peut aussi être calculé pour l'ensemble du marché. Les fluctuations du prix de l'argent affecteront les PER des différentes entreprises et du marché dans son ensemble.

La question de la valorisation est l'une des plus largement débattues en matière d'investissement. Pour la plupart des investisseurs, elle est une de leurs priorités absolues. Après tout, se disent-ils, plus je peux investir à bon compte, plus je peux gagner de l'argent et moins je peux en perdre. Plus j'investis à un cours élevé, plus je risque de perdre de l'argent, que ce soit sur le papier ou définitivement. Ces investisseurs sont attirés par un style d'investissement que l'on appelle l'investissement *value*. Dans sa forme la plus extrême, ce style d'investissement est incarné par l'action qui, comme Benjamin Graham l'a déclaré, a un filet de sécurité large et solide. Ce filet de sécurité, d'après lui, serait dans l'idéal représenté par l'existence d'un grand écart entre le cours d'une action et la valeur intrinsèque de l'actif net inscrit au bilan de l'entreprise.

Par exemple, si l'investisseur estime qu'un investissement vaut 100 alors que l'action est cotée 60 en Bourse, acheter l'action peut être une bonne affaire, le risque de perte étant moins important que si l'action cotait 70 ou 80, et encore moins que si elle cotait 120 ou 150. Ceci, bien sûr, dans l'hypothèse où l'entreprise est correctement valorisée à 100, ce qui n'est pas toujours le cas. Pour un disciple de Graham, le cours de l'entreprise devrait correspondre à la valeur de l'actif net de l'entreprise. Cependant, établir correctement la valeur de l'actif net est une tâche ardue, car il comprend des actifs de type et de nature variés, notamment des actifs incorporels[5].

L'investissement *value*, dans ce sens étroit, est une méthode qui a bien fonctionné dans le passé, mais qui donne des résultats moins satisfaisants de nos jours. Il existe d'autres méthodes pour établir la valeur d'un investissement individuel et celle de l'ensemble du marché. La valorisation est le plus complexe des trois panneaux formant le triptyque boursier, parce que, en outre, elle dépend des deux autres panneaux – la croissance et les liquidités – et interagit avec eux. En substance, une augmentation du taux de croissance économique se traduisant par une hausse des bénéfices supérieure à la moyenne mériterait normalement d'être saluée par des valorisations plus élevées que celles prévalant lorsque l'économie et les bénéfices sont anémiques. Un manque de liquidités, d'un autre côté, pourrait remettre en question la fiabilité d'une valorisation donnée.

Les taux d'intérêt sont également un important déterminant du taux auquel les futurs bénéfices devraient être actualisés pour obtenir la valeur actuelle de l'ensemble du marché et celle des différentes entreprises (voir plus loin). Actuellement, les taux d'intérêt sont très bas et, toutes choses égales par ailleurs, on peut s'attendre à ce que cela contribue à une augmentation, plutôt qu'une diminution, des cours. Maints investisseurs, toutefois, considèrent que cet environnement est anormal, voire artificiel. D'après eux, le taux d'intérêt utilisé pour actualiser les bénéfices futurs est trop faible, ce qui signifie que les PER sont trop élevés et que, par conséquent, la Bourse subira une correction. La tendance très récente des

5. Dans sa formulation classique de l'investissement *deep value*, Benjamin Graham préconise de s'intéresser aux entreprises dont la valeur boursière est inférieure à leurs actifs incorporels nets déclarés.

banques centrales à reprendre leurs programmes d'assouplissement quantitatif n'a, pour le moment, pas eu d'effets négatifs sur les places boursières dans l'ensemble.

Le niveau actuel des valorisations est matière à d'abondantes discussions. Je pense que ceux qui jugent les valorisations trop élevées se trompent faute d'avoir su apprécier la puissance des forces profondément ancrées qui ont contribué à forger ce monde caractérisé par une faible croissance, une faible inflation et de faibles taux d'intérêt, qui est la norme actuelle. Faute d'avoir su décrypter les runes, les *aficionados* de l'investissement *value* ont été trop prudents des années durant, ratant l'un des plus longs marchés haussiers de l'histoire récente. Nous reviendrons plus en détail sur cette question au chapitre 7.

Pour l'investisseur *quality growth*, l'enseignement général à tirer est que comprendre les facteurs qui influent sur les cours boursiers est une partie importante de ses responsabilités. La croissance, les liquidités et les valorisations se combinent pour imprimer une orientation à la Bourse, mais ils peuvent se combiner de façons diverses et complexes. Il peut y avoir absence de croissance et de liquidités, tandis que les valorisations demeurent attrayantes. Il peut y avoir croissance vigoureuse et abondance de liquidités, parallèlement à des valorisations vertigineuses comme ce fut leur cas en 2000 à l'apogée de la bulle Internet. Toutes les combinaisons sont possibles. Au moment où nous rédigeons, les valorisations sont raisonnables, soutenues par une croissance régulière, à défaut d'être spectaculaire, s'accompagnant d'abondantes liquidités. Cependant, ces facteurs peuvent toujours changer abruptement et à l'improviste. Comme toujours, les banques centrales détiennent la clé.

Marché obligataire et taux d'intérêt

Il existe un lien immuable et indissociable entre les actions et les obligations. Comme il est enseigné à l'université et dans les *business schools*, le taux d'intérêt sans risque servi par les emprunts souverains à long terme est le taux d'intérêt de référence, ou taux de rendement minimum, à l'aune duquel l'investisseur doit mesurer la valeur d'un investissement potentiel. Quand on évalue un investissement potentiel en actions, la question centrale est celle du rendement supplémentaire, en sus du taux d'intérêt sans risque, requis pour justifier l'investissement. Ce taux requis est appelé la prime de risque de l'action.

Pourquoi les actions sont-elles assorties d'une prime de risque ? Parce que la théorie veut qu'elles soient plus risquées que les emprunts souverains et, par conséquent, que leur rendement soit supérieur à celui de l'investissement « sans risque ». La prime de risque des actions, enseigne-t-on, peut varier d'un pays à l'autre en fonction de la stabilité de la région concernée. Par exemple, en Argentine ou au Venezuela la prime de risque sera plus élevée qu'en Allemagne, en France ou en Suisse.

Que la théorie enseignée dans les *business schools* reflète fidèlement la façon dont le monde tourne peut être contesté, mais nul doute que le prix de l'argent, tel qu'il s'exprime dans les taux d'intérêt du marché, a une influence décisive et profonde sur l'activité des marchés financiers. Nombre des investisseurs qui estiment les actions plus intéressantes que les obligations oublient que le marché obligataire donne toujours le *la* au marché d'actions. Sur le plan quantitatif, le marché obligataire est le grand frère du marché des actions, puisque la valeur boursière de l'ensemble des titres à revenu fixe cotés sur les places boursières de la planète est supérieure à celle de l'ensemble des actions cotées sur ces places – et l'écart de taille entre ces deux marchés ne cesse de se creuser.

Durant la première décennie du nouveau millénium, la taille du marché obligataire a augmenté plus rapidement que celle de l'économie américaine. En 2010, la valeur en dollars de l'ensemble des émissions à revenu fixe atteignait presque le double de la capitalisation boursière de l'ensemble des actions cotées. Le marché obligataire est le facteur qui pèse le plus dans le comportement de tout agent économique, même des banques centrales. C'est également le déterminant du prix de l'argent. Dans la mesure où il incite à une tarification plus efficace du risque, les investisseurs en actions devraient eux aussi se féliciter de ce que les marchés obligataires ont tendance à gagner en profondeur.

Le marché obligataire joue un rôle plus important depuis que les gouvernements se sont mis aux alentours de 2008 à imposer au système bancaire de nouvelles règles en matière de fonds propres à la suite de crises. Ces nouvelles règles ont pour effet d'obliger les banques à se montrer plus prudentes quand elles prêtent. Face à la diminution des prêts bancaires, les entreprises en quête de financement ont dû de plus en plus se tourner vers le marché des obligations d'entreprise, contribuant ainsi à nourrir son essor rapide.

D'où la nécessité accrue pour l'investisseur en actions de se préoccuper de l'évolution des rendements sur les différents segments du marché obligataire, et pas seulement sur le segment des emprunts d'État. Il est difficile pour l'investisseur des temps modernes d'imaginer qu'avant les années 1980 aucune obligation d'entreprise n'avait été émise sur le marché britannique. De même, aux États-Unis, les obligations à haut rendement – parfois appelées *junk bonds* – ont été créées *ex nihilo* avant de constituer un marché valant des milliers de milliards de dollars.

Pourquoi cette question du prix de l'argent revêt-elle une si grande importance pour l'investisseur en actions ? Parce que les taux d'intérêt sont le facteur qui pèse le plus sur l'orientation du cours des actions. Le rôle des marchés d'actions consiste à indiquer quelle est la valeur aujourd'hui des bénéfices que les entreprises réaliseront demain. Les taux d'intérêt sont le mécanisme d'actualisation qui détermine la valeur actuelle des bénéfices futurs de l'entreprise. Un taux d'intérêt sans risque, ou qui en est dépourvu le plus possible, est l'élément indispensable pour effectuer cette actualisation.

Toutes choses égales par ailleurs, une augmentation du taux d'actualisation aura tendance à réduire la valeur actuelle des bénéfices futurs de l'entreprise et, de ce fait, à diminuer le cours des actions. De même, une baisse du taux d'actualisation aura l'effet inverse, entraînant une hausse générale du cours des actions. La relation précise entre les taux d'intérêt sur le marché et les valorisations boursières, cependant, n'est jamais simple dans la pratique.

Par exemple, le taux d'intérêt sans risque utilisé traditionnellement est le taux des emprunts d'État à dix ans, auquel on ajoute ensuite la prime de risque adéquate pour l'action considérée. Mais est-ce encore approprié à une époque où les taux d'intérêt ont été maintenus si bas par les pouvoirs publics et où la dette publique a augmenté de façon astronomique après le déclenchement de la crise financière mondiale ? Quel doit être le montant de la prime de risque des actions des entreprises pérennes que l'investisseur *quality growth* privilégie ? Ces questions importantes sont examinées plus avant dans les prochains chapitres.

Marchés haussiers et baissiers

Les marchés haussiers et baissiers ont toujours existé dans l'histoire de la finance et sont des phénomènes majeurs que tout investisseur se doit d'étudier. On parle beaucoup de l'importance d'aller à contre-courant et de la façon dont les anticipations du plus grand nombre peuvent à tout moment se révéler erronées. Toutefois, investir à contre-courant ne devrait pas être un objectif en soi. Cela n'est rentable que pour l'investisseur audacieux qui achète ou vend aux points d'inflexion du marché. Comme il est rarement possible de reconnaître un point d'inflexion *avant* qu'il se produise, il importe de se souvenir des points d'inflexion passés.

Au cours d'un cycle boursier, les points de retournement s'accompagnent fréquemment de signes indicateurs d'avidité ou d'anxiété. Dans le premier cas, toute prudence est abandonnée et la perspective de rendement balaye toute notion de risque. Quand l'investisseur voit les marchés s'apprécier jour après jour, semaine après semaine, et tout le monde autour de lui gagner de l'argent et s'en vanter, c'est vraisemblablement le signe que le marché est en passe d'atteindre un pic. À ce stade, céder à l'euphorie ambiante augure d'une perte d'argent, généralement définitive.

En cas d'anxiété – l'émotion la plus souvent associée aux creux du cycle boursier –, l'inverse s'observe : les investisseurs deviennent hermétiques aux opportunités d'investissement. Certains investisseurs échaudés par une perte en capital définitive se jurent de ne plus jamais revenir sur le marché. Quand ils sortent au point bas du cycle, ils sont initialement emplis d'allégresse à la pensée d'avoir évité de perdre encore plus d'argent, mais se repentent ensuite *ad libitum* de laisser échapper ainsi de futures opportunités.

Au printemps 2009, par exemple, l'heure n'était guère ou aucunement à l'optimisme sur les marchés. Bien des intervenants avaient subi des revers, la Bourse faisait à peine la distinction entre les valeurs de qualité et celles spéculatives, et les actions des entreprises *quality growth* étaient proposées à la vente sur le marché à un cours ridiculement faible. Cette période s'est avérée une de celles offrant les meilleures opportunités d'achat de tous les temps. Les audacieux qui en ont profité bénéficient depuis de rendements remarquables. C'était *vraiment* le moment d'être contrariant.

On peut également citer en exemple les premières semaines de l'année 2018. À cette époque, la grande majorité des investisseurs étaient convaincus que les rendements obligataires à long terme étaient sur le point de sortir de leur canal de fluctuation historique récent. Selon eux, ils allaient augmenter fortement dans l'anticipation d'une reprise de l'inflation, avec pour effet de mettre à rude épreuve le rendement des dividendes et des bénéfices des actions. En fait, la majorité des investisseurs se sont trompés. Il n'y a eu ni envolée des rendements obligataires ni reprise de l'inflation. Le cours des actions a été soumis à rude épreuve, mais par d'autres forces.

Pour empêcher l'émotion de l'emporter sur la raison, l'investisseur doit périodiquement prendre du recul et considérer la situation dans son ensemble. Comme indiqué plus haut, il placera le triptyque croissance-liquidités-valorisation au cœur de ses préoccupations. S'il était aisé de repérer les points de retournement dans un cycle boursier, cela faciliterait grandement les investissements. Cependant, examiner attentivement ces trois paramètres, tout en mettant à profit l'expérience acquise, peut parfois créer des occasions imbattables de tirer profit des erreurs d'appréciation de la majorité.

Influences politiques et économiques

À moins qu'un changement radical dans la politique économique du moment ne soit jugé fort probable, l'actualité politique fait souvent la une des médias, mais a rarement une influence très durable sur les marchés des pays développés. Elle revêt plus d'importance en période préélectorale, quand l'éventualité d'un changement de gouvernement devient plus tangible. Depuis toujours les investisseurs ont tendance à s'inquiéter quand ils ont le sentiment qu'un gouvernement de gauche est sur le point d'être élu, et sont plus détendus quand la victoire d'un gouvernement de centre droit est prédite. Ces inquiétudes s'avèrent généralement passagères et les anticipations initiales se font bientôt éclipser par des événements aux conséquences plus directes pour les investisseurs.

Les gouvernements de gauche décidés à renforcer le rôle de l'État dans l'activité économique verront probablement la Bourse de leur pays enregistrer de moins bons résultats que lorsqu'un gouvernement de droite est au pouvoir et que la menace d'une intervention de l'État est nettement moindre. Cependant, la situation n'est pas toujours aussi simple, comme la victoire de Donald Trump à l'élection présidentielle américaine de 2016 l'a montré. L'élection d'un candidat républicain ayant de longues années d'expérience en tant que promoteur immobilier (même s'il n'a pas toujours réussi en ce domaine) a suscité l'espoir d'une réduction des interventions de l'État dans l'activité économique.

Cet espoir a rapidement entraîné une envolée du cours des valeurs cycliques, les entreprises *quality growth* se retrouvant dans le peloton de queue. La promesse de Donald Trump de détricoter un grand nombre des mesures prises par son prédécesseur a eu un effet immédiat et positif sur les valeurs de la santé et les valeurs bancaires. Les taux d'intérêt et les rendements obligataires à long terme ont augmenté quelque temps dans l'anticipation de ce qui a été appelé la Trumpflation, en référence à la probabilité que les mesures voulues par Donald Trump se traduisent bientôt par une hausse des taux d'inflation. Le dollar s'est apprécié fortement, lui aussi, en partie à la perspective d'un rapatriement probable d'une partie des actifs détenus à l'étranger.

Puis vint le temps de la réalité, confirmant la justesse de la remarque de l'ancien gouverneur de l'État de New York, Mario Cuomo, selon lequel les hommes politiques font campagne avec idéalisme, mais gouvernent avec réalisme. Quelques mois après la victoire de Donald Trump, la vague d'opérations liées à la Trumpflation avait cessé et la Bourse avait inversé sa course. Parallèlement, les efforts déployés par le Président Trump pour galvaniser ses partisans de la classe ouvrière dans les États de la Rust Belt en prononçant des discours protectionnistes visant la Chine et d'autres pays ont également commencé d'inquiéter les investisseurs. L'annonce de l'imposition de droits de douane sur les importations d'acier et d'aluminium présageait d'une guerre commerciale dont nul ne sortirait vainqueur. Les attaques verbales du Président Trump à l'encontre de grandes entreprises technologiques américaines comme Amazon et Facebook ne sont pas non plus passées inaperçues chez les investisseurs. Pour autant, aucun de ces sujets de préoccupation n'a empêché la Bourse américaine d'atteindre un nouveau sommet historique en 2019.

À la fin de la première vague de Covid-19, alors que l'activité économique reprenait vigoureusement, Joe Biden a été élu Président des États-Unis. Après avoir constitué un cabinet comptant des membres connus pour pencher à gauche, il a pris des dispositions pour accroître fortement l'intervention de l'État dans le secteur privé. Il a notamment prévu de consacrer une part considérable des dépenses publiques à ce qu'il appelle « reconstruire en mieux ». Il propose de financer ces projets se chiffrant en milliers de milliards de dollars par une hausse massive des impôts qui touche différents agents économiques du secteur privé. Ce sont là des mesures de fiscalité et de dépense socialistes classiques.

Résultat : en 2021 les places boursières ont vu remonter le cours d'actions *value* cycliques qui sommeillaient depuis longtemps. Le débat fait rage quant à savoir si cette remontée est révélatrice de l'avenir. Pour les investisseurs *quality growth*, cette atmosphère a été source d'interrogations. Cependant, les faits, et le rendement du cours des actions, montrent que tous les facteurs qui confèrent aux entreprises respectant les dix règles d'or leur statut particulier d'entreprises *quality growth* exercent une influence en permanence.

L'expérience montre qu'il est plus facile d'identifier les évolutions politiques potentiellement dommageables que d'évaluer leurs probables répercussions. Un exemple qui a beaucoup attiré l'attention est la forte suspicion d'ingérence de la Russie dans le processus démocratique d'autres pays. L'influence de l'étranger sur les attitudes et le comportement des gens *via* les médias sociaux est manifeste depuis un certain temps déjà, les mouvements protestataires lors du printemps arabe il y a quelques années en sont une des premières illustrations. Plus récemment, la Russie a aussi été accusée d'ingérence dans l'élection présidentielle américaine qui a porté Donald Trump au pouvoir. D'aucuns soupçonnent en outre la Russie d'avoir joué un rôle dans l'issue du référendum sur le Brexit, dans le cadre de ses efforts de division et d'affaiblissement de l'Union européenne.

Le référendum sur le Brexit a lui-même eu déjà de profondes répercussions sur les marchés financiers, même si à l'heure où nous rédigeons ces lignes, trois ans après le vote en faveur d'une sortie de l'Union européenne, le Royaume-Uni doit encore finaliser l'accord de sortie. La valeur extérieure de la livre sterling est tombée à des niveaux sans précédent depuis trente ans et semble happée dans une inexorable spirale descendante. Cela a dopé le cours des actions de nombreuses entreprises exportatrices, qui bénéficient désormais d'un taux de change plus concurrentiel, tandis qu'inversement beaucoup d'entreprises tournées vers le marché intérieur ont vu le cours de leurs actions chuter et n'ont toujours pas retrouvé la faveur des investisseurs. Dans l'ensemble, les marchés d'actions britanniques ont souffert du Brexit. Cela reflète la forte contraction du commerce britannique avec l'Union européenne et la quasi-perte de confiance dans la signature de l'État britannique en ce qui concerne les accords internationaux.

Les conséquences à long terme du Brexit pour l'économie et les marchés financiers dépendront dans une grande mesure de la capacité du

Royaume-Uni à négocier de nouveaux accords commerciaux et à asseoir sa position future dans le paysage mondial du commerce et de la finance. Si la livre sterling ne joue plus un rôle majeur dans le financement des transactions internationales, ou si elle est progressivement moins utilisée, cela affectera profondément un portefeuille d'investissements britannique. Si le rôle de la City de Londres en tant que place financière mondiale devient moins prépondérant, et que l'activité se déplace à l'étranger, les dégâts seront considérables. Dans ce cas, un événement politique se sera avéré être lourd de conséquences pour l'investisseur.

Si, en revanche, le Royaume-Uni continue de jouer un rôle de premier plan dans l'économie et la finance mondiales, la politique reprendra sa place habituelle de paramètre secondaire pour les investisseurs. Les conséquences pourraient être de nature différente si la prochaine élection générale devait porter au pouvoir un gouvernement anticapitaliste d'extrême gauche.

La même incertitude entoure l'avenir de l'Union européenne. Dans de nombreux pays, des hommes politiques populistes, de gauche comme de droite, proposent des solutions politiques radicales qui menacent la démarche centriste qui a caractérisé une grande partie de l'histoire de l'Union européenne. Ils s'efforcent souvent de protéger leur économie nationale d'une mondialisation et des influences étrangères qui ne manqueraient pas de s'accroître sinon. Cela pourrait affecter sensiblement le résultat net des entreprises nationales, qu'il soit réalisé à l'exportation ou sur le marché intérieur.

L'exemple le plus frappant de la montée en puissance des partis *anti-establishment* est donné par l'issue des élections législatives italiennes de mars 2018 : la Ligue et le mouvement 5 étoiles, deux partis aux politiques très différentes, ont obtenu une majorité suffisante pour former un nouveau gouvernement de coalition. Le projet de ce gouvernement, à savoir augmenter progressivement les dépenses tout en abaissant les taux d'imposition, a rapidement attiré l'attention des marchés financiers, provoquant une chute importante de la Bourse. Il s'est ensuivi une réaction en chaîne dans toute la zone euro, les rendements obligataires se creusant fortement par rapport à leur indicateur de référence, l'emprunt d'État allemand.

On peut également citer deux autres exemples plus récents. Ainsi, l'Union européenne n'a pas réussi à élaborer une politique européenne en matière de vaccination contre le Covid, les États membres s'opposant les uns aux autres avec la fermeture des frontières et l'abandon irréfléchi de l'esprit de Schengen. De même, l'Union européenne a été incapable de parler d'une même voix et de formuler une politique énergétique commune pour contrer la mainmise de Vladimir Poutine sur les prix du gaz naturel européen durant la crise de l'énergie de 2021.

L'Europe connaît parallèlement une progression des mouvements indépendantistes ou autonomistes, notamment en Espagne, en Italie et en Écosse, pour citer les plus connus. L'anxiété suscitée par les vagues d'immigrants venant en Europe a contribué à l'éclosion de mouvements nationalistes. Là aussi, toutefois, il est encore trop tôt pour prévoir si la libéralisation économique dont l'Europe bénéficie depuis trente ans sera remplacée par un protectionnisme préjudiciable, conduisant à une inflation encore plus forte et à des taux d'intérêt encore plus élevés. Si cela se produisait, aucun investisseur n'en sortirait indemne.

L'influence de la politique sur les marchés financiers s'exprime de façon relativement différente dans les pays en développement, où les gouvernements veulent souvent conserver un contrôle plus direct sur leur économie. En 2015, par exemple, le gouvernement chinois a amorcé un virage économique en réduisant ses projets d'infrastructure et autres projets d'équipement tout en encourageant davantage les dépenses de consommation. La demande chinoise de produits de base et de matières premières auparavant colossale s'est affaissée en conséquence, provoquant un ralentissement économique mondial et conduisant à une violente réaction des marchés financiers dans le monde entier début 2016. Puis les craintes d'un dérèglement économique se sont atténuées quand les statistiques économiques ont montré que le pessimisme soudain des investisseurs avait été excessif.

En 2020 et en 2021, le Parti communiste chinois a durci sa réglementation concernant certains secteurs boursiers des places locales ou étrangères, dont la Bourse de Hong Kong. Sur la liste de ces secteurs figurent l'éducation, les services financiers et les jeux en ligne, entre autres. La situation du géant chinois de l'immobilier, Evergrande, et la question de savoir si le gouvernement allait intervenir pour empêcher d'éventuelles faillites en chaîne à grande échelle dans ce secteur ont de plus suscité une inquiétude grandissante. Le contrôle des prix immobiliers sur les marchés primaire et secondaire est la mesure la plus évidente que les autorités n'ont pas hésité à prendre. Il s'exerce sur les augmentations et les diminutions de prix. L'ingérence de l'État dans le marché hypothécaire local fait partie de cet ensemble de mesures. En 2017, le Président chinois, Xi Jinping, déclarait que « les logements sont faits pour y vivre, non pour spéculer ».

L'expérience vécue par les investisseurs en Amérique latine a généralement été pire. Le chauvinisme économique et la rancœur sociale ont souvent trouvé un écho favorable auprès d'électeurs mécontents dans des économies surendettées et fermées. Ces dernières années, l'Argentine a nationalisé ses fonds de pension privés et le Venezuela a nationalisé des sociétés d'énergie locales à capitaux étrangers, faisant fuir des investisseurs étrangers grandement nécessaires. Les marchés des capitaux, tout particulièrement les marchés obligataires, restent sous-développés en Amérique latine. Étant donné l'hostilité des politiques publiques, quiconque investit directement dans des entreprises cotées sur les bourses de ces pays s'expose fortement à un risque de perte irrémédiable en capital. (Heureusement, et ce n'est pas surprenant, les entreprises qui répondent aux conditions requises par l'investisseur *quality growth* se trouvent rarement dans ces pays.) Depuis ces cinquante dernières années l'espoir d'une aube nouvelle renaît très régulièrement, mais il est généralement déçu.

La géopolitique constitue une autre source d'inquiétudes récurrentes. En 2017, le comportement imprévisible du dictateur nord-coréen Kim Jong-un a été le point de mire, la Corée du Nord ambitionnant de tester et développer sa propre force de frappe nucléaire. L'incertitude entourant les intentions de ce pays a déclenché des périodes de volatilité boursière. La rencontre entre Kim Jong-un et Donald Trump et la brève « amitié virile » qui s'est ensuivie semble avoir réduit le risque immédiat d'escalade. Pour autant, l'éventualité d'une guerre nucléaire totale ne saurait être complètement écartée, et ce risque ne passerait évidemment pas inaperçu sur les marchés financiers.

En 2021, les tensions entre les États-Unis et la Chine ont augmenté. Le gouvernement chinois revendique ouvertement la souveraineté sur Taiwan, qu'il considère comme faisant partie du territoire chinois. Bien des observateurs en ont déduit que l'invasion de Taiwan par l'armée chinoise est inévitable à long terme, si ce n'est imminente. Si cela se produisait, l'invasion d'un pays démocratique comme Taïwan, qui a une économie moderne et une Bourse bien établie, ne manquerait pas d'affecter profondément les investisseurs.

Il n'est jamais possible de prévoir en quoi les développements politiques peuvent influer sur le comportement des marchés financiers. Les investisseurs sont prompts à réagir à tout ce qui est perçu comme une modification du statu quo, et il faut du temps pour que ce qui est fréquemment une réalité assez différente apparaisse. La bonne nouvelle pour l'investisseur *quality growth* est que l'impact est généralement passager et la plupart du temps insignifiant pour la performance des entreprises dans lesquels il a investi.

Les entreprises solides qui réunissent les conditions strictes requises pour être qualifiées d'entreprises *quality growth* continueront de générer de solides bénéfices tant que l'on continuera d'opérer dans une économie mondiale libre, sans entraves. Leur capacité à réaliser des bénéfices ne souffrira pas outre mesure des changements de cap économique mineurs imprimés par les décideurs politiques. Leur solide historique des performances en matière de croissance montre qu'elles ont déjà dû réussir à s'adapter aux événements et circonstances. Leur valeur boursière pourra connaître des périodes de tension, mais cela ne devrait normalement pas affecter leur potentiel à long terme.

Environnement, social et gouvernance

Aujourd'hui, le débat qui intéresse au premier chef la plupart des investisseurs porte sur la façon dont les entreprises sont dirigées, et notées, sur trois plans : l'environnement, le social et la gouvernance de l'entreprise. Ces trois aspects sont désignés sous le sigle ESG.

Une fausse dichotomie

Au cœur même du débat ESG réside le conflit présumé entre les deux grands camps de la gouvernance d'entreprise, représentés d'un côté par la théorie de la primauté des actionnaires, telle qu'exposée par l'économiste Milton Friedman, et, de l'autre côté, par la théorie partenariale de la gouvernance d'entreprise, selon laquelle l'entreprise doit être gouvernée au profit de toutes ses parties prenantes identifiables.

L'investisseur *quality growth* a pleinement conscience du rôle et de l'importance des actionnaires et des parties prenantes. Les parties prenantes sont impliquées dans les différents aspects de l'entreprise, que ce soit activement ou passivement (nous y reviendrons plus loin). Si les autres protagonistes ESG ont la même vision du terme « actionnaire », en revanche, ils incluent dans la notion de « partie prenante » de nombreux segments de la société (par exemple, la communauté dans laquelle l'entreprise est établie) qui ne participent pas à la conduite des affaires de l'entreprise mais qui devraient devenir les cibles de la contribution générale, commerciale ou non, de l'entreprise.

Dans le domaine ESG, il est courant d'opposer la théorie des parties prenantes à la théorie des actionnaires, les parties prenantes et les actionnaires étant présentés comme des groupes séparés aux besoins distincts. Dans ces théories, les parties prenantes et leurs intérêts, par exemple, peuvent être jugés plus prioritaires que les intérêts des actionnaires. Cette représentation vient essentiellement des pouvoirs publics, qui se sont de plus en plus sentis obligés d'influer sur le comportement des entreprises ces dernières années, principalement pour des raisons politiques. En outre, les partisans de la théorie des parties prenantes se sont employés à présenter les intérêts des parties prenantes comme étant en conflit direct avec l'intérêt plus « étroit » des actionnaires tel que décrit par Milton Friedman. En réalité ce conflit n'existe pas. Il est devenu une fausse dichotomie et a engendré des frictions inutiles entre deux camps qui, en fait, cohabitent pacifiquement quand l'entreprise en question est une entreprise prospère. Lorsque l'entreprise connaît des difficultés, la solution de facilité consiste à accuser les actionnaires de ne pas penser aux parties prenantes.

Opposer les actionnaires aux parties prenantes est au mieux simpliste et au pire trompeur, et affirmer que seule l'intervention de l'État peut réduire les inégalités n'est pas propice à l'harmonie au sein de la société. La réalité est plus nuancée et les investisseurs *quality growth* feraient bien de se rappeler que l'intérêt à long terme des actionnaires et l'intérêt à long terme des parties prenantes se recoupent fortement. En effet, l'intérêt à long terme des actionnaires, les propriétaires de l'entreprise, repose sur la durabilité de l'entreprise, laquelle passe par le traitement équitable de toutes les parties prenantes.

Pourquoi ? Parce qu'il n'est pas viable de ne pas traiter équitablement un groupe de parties prenantes étant donné que cela compromet la survie même de l'entreprise. L'entreprise qui nuit sensiblement à l'un ou l'autre de ses clients, fournisseurs ou autres parties prenantes, s'expose à de graves risques, lesquels mettent presque tous en péril la pérennité de l'ensemble de l'entreprise. Par exemple, l'entreprise qui est source de pollution peut subir des pressions réglementaires et politiques susceptibles de réduire sa capacité à être rentable ou même d'empêcher la poursuite de ses activités. Ou bien, l'entreprise qui manque de visibilité sur sa chaîne d'approvisionnement risque d'amplifier l'épuisement des ressources naturelles (en recourant à des fournisseurs ou sous-traitants non respectueux de l'environnement) ou de porter atteinte à son image.

La philosophie de l'investissement *quality growth* contient des éléments d'appréciation pour s'assurer que toutes les parties prenantes sont traitées équitablement et que l'entreprise a créé un environnement dans lequel elle peut exercer ses activités durablement de nombreuses années. Ces éléments font partie intégrante de l'aspect qualitatif de cette philosophie. En conséquence, pour les marchés en général les priorités ESG représentent une *finalité* sociétale, voire politique, en elles-mêmes, tandis que pour l'investisseur *quality growth* les priorités ESG, quoiqu'en elles-mêmes porteuses d'un sens éthique, ont jusqu'à présent été, et continuent d'être, un *moyen* de réduire le risque inhérent à un investissement de subir une perte en capital définitive.

À partir du moment où l'on admet qu'opposer parties prenantes et actionnaires constitue une fausse dichotomie, trouver leurs points communs s'impose. L'entreprise *quality growth* se situe dans cet espace commun, à l'intersection de la sphère « actionnaire » et de la sphère « partie prenante ». L'essence même d'une croissance de qualité, la rentabilité durable d'une entreprise, est un objectif commun aux actionnaires et aux parties prenantes (à l'évidence, ni l'actionnaire ni la partie prenante n'ont à gagner à ce que l'entreprise soit perpétuellement déficitaire). Une entreprise ne peut prétendre être un investissement *quality growth* que si son management respecte ses propriétaires et agit dans leur intérêt et dans l'intérêt durable de l'ensemble de l'entreprise. Le management le fera au bénéfice des parties prenantes et des actionnaires, démontrant ainsi qu'il n'est pas logique de séparer les deux catégories.

Conflits d'intérêts

Les lignes directrices et règles ESG sont un phénomène relativement récent. Au moment où la première édition du présent livre a été rédigée, l'environnement, le social et la gouvernance n'étaient pas au centre des préoccupations des autorités de régulation ou de la communauté des investisseurs. Le phénomène ESG est né de la conjonction de différents facteurs, avec pour fil conducteur l'argument selon lequel un portefeuille géré conformément aux règles ESG générerait des rendements plus élevés. Ce dont on parle rarement, voire jamais, ce sont des conflits d'intérêts auxquels peuvent s'exposer les investisseurs qui souhaitent respecter les règles mais qui, ce faisant, sont susceptibles d'agir au détriment des rendements à long terme de leur portefeuille.

L'investissement *quality growth* que nous présentons dans cet ouvrage renferme de longue date des principes ESG qui sont identifiables et ancrés dans les dix règles d'or. Celles-ci sont conçues pour réduire le risque au minimum tout en offrant la perspective de rendements supérieurs sur le long terme.

Durabilité

L'investissement *quality growth* repose sur le principe selon lequel à long terme les bénéfices déterminent le cours des actions. L'élément clé de bénéfices durables est une entreprise durable. La démarche ESG étant au fond une démarche de durabilité, il est judicieux d'intégrer les facteurs environnementaux, sociaux et de gouvernance à l'analyse et au processus d'investissement. L'investisseur *quality growth* s'emploiera à allouer les capitaux aux entreprises qui promeuvent la durabilité dans le vrai sens du terme et non aux entreprises qui ne la promeuvent pas. Ce focus sur la durabilité imprègne tous les aspects de notre philosophie.

L'investissement durable a toujours été le fondement de l'analyse qui sous-tend l'investissement *quality growth*, bien avant qu'il ne soit appelé « investissement ESG », concept succédant lui-même à la notion de responsabilité sociale de l'entreprise. En effet, pour investir de façon durable il est fondamental de penser comme un propriétaire – de réfléchir aux décisions stratégiques d'une entreprise et à leur incidence sur chaque maillon de la chaîne de valeur aujourd'hui et demain. Or l'actionnaire est un des maillons de cette chaîne.

Les entreprises durables sont rares, et elles présentent un certain nombre de caractéristiques très spécifiques qui contribuent à les faire sortir du lot. Comme indiqué dans d'autres parties du présent ouvrage, le processus de sélection exclut 50 % des secteurs existants car ces secteurs échouent aux tests d'une croissance de qualité. Cela réduit automatiquement au minimum l'exposition à de nombreuses entreprises ne répondant pas aux critères ESG, comme les majors pétrolières et gazières ainsi que les fabricants de tabac.

La sélection s'affine ensuite en appliquant les dix règles d'or pour déterminer si l'entreprise est vraiment durable. Pour être admise dans l'univers *quality growth*, une entreprise doit satisfaire à chacune de ces dix règles. Ces dernières sont établies sur la base des fondamentaux, en utilisant des outils qualitatifs et quantitatifs. Elles sont conçues au fond pour axer l'analyse sur les facteurs de l'entreprise qui assureront son développement durable au bénéfice de tous ceux concernés.

Par exemple, une des dix règles d'or, jouir d'un *avantage concurrentiel durable*, affirme l'importance pour l'entreprise d'être protégée par un fossé défendable. Pour déterminer si le fossé est défendable, il faut notamment se demander si l'entreprise prend le temps et la peine de respecter ses parties prenantes. Comme susmentionné, celles-ci comprennent les clients, les fournisseurs, les partenaires, les investisseurs et, bien sûr, les salariés. Respecter chacune de ces parties permet à l'entreprise de préserver la qualité des moteurs tangibles de la création de valeur, comme les opérations efficientes, et celle des moteurs intangibles de la création de valeur, comme la marque de l'entreprise. Mal traiter de façon prolongée l'une ou l'autre de ces parties peut avoir des conséquences catastrophiques sur le fonctionnement ou la réputation de l'entreprise. Enfin, toute violation de l'une ou l'autre des dix règles d'or, notamment des éléments E, S et G qu'elles contiennent, ferait perdre à l'entreprise son statut d'entreprise *quality growth*.

S'il existe assurément une corrélation entre l'évolution du cours d'une action et la note ESG, le lien de causalité n'est pas clairement établi et les données en faveur d'une relation entre la prospérité de l'entreprise, l'évolution de son cours et un score ESG élevé sont insuffisantes.

Comment l'investisseur *quality growth* intègrera-t-il donc l'aspect ESG dans sa stratégie d'investissement ? Il acceptera l'idée d'un lien entre la performance de l'entreprise et l'aspect ESG, mais il inclura cet aspect dans les portefeuilles en tant qu'outil de gestion des risques et non en tant que facteur d'amélioration des rendements (comme on l'a vu plus haut, cela diffère de la notion acceptée de l'ESG qui, dans son interprétation de base, ne prend en considération ni le risque ni le rendement). C'est une différence importante, car beaucoup s'emploient à « écoblanchir » leurs fonds en affirmant qu'il existe un lien avec une performance supérieure. L'investisseur *quality growth*, quant à lui, adoptera la même approche pondérée et réfléchie en matière d'intégration de l'aspect ESG que celle qu'il applique à tout autre aspect du processus de sélection des actions.

En résumé, le véritable investisseur *quality growth* suit déjà depuis fort longtemps sur son écran radar les éléments que l'on appelle aujourd'hui les facteurs ESG. Ces facteurs sont analysés sous l'angle du ou des risques inhérent(s) à l'investissement et non à travers le prisme de formules accrocheuses. Cela fait partie intégrante du travail d'analyse de cet investisseur, et cela ne changera pas.

Conclusion

Pour en revenir aux considérations macroéconomiques de croissance, liquidités et valorisation, ces considérations seront les forces directrices qui impulseront l'évolution générale du marché, mais les forces qui déterminent les rendements à long terme d'un portefeuille d'entreprises *quality growth* sont pour la plupart indépendantes de ce qui fait la une du moment. Les tendances comme l'essor des paiements en ligne et du commerce en ligne sont clairement des évolutions qui importent pour les modèles économiques de certaines entreprises et qui, en ce sens, méritent davantage l'attention que les gesticulations politiques bruyantes. Les rendements obligataires et l'orientation de la politique monétaire sont quant à eux deux paramètres fondamentaux pour analyser les marchés et le cycle économique et jouent un rôle majeur dans la valeur attribuée aux différentes entreprises. L'investisseur *quality growth* qui néglige le marché obligataire le fait à ses risques et périls.

Lorsque le temps se couvre pour une entreprise *high-quality* en raison d'un événement extérieur perçu comme étant une menace, cela peut être l'occasion pour l'investisseur vigilant d'ajouter cette entreprise au portefeuille. La dynamique est un puissant déterminant à court terme du cours des actions et, de ce fait, peut amener le cours des actions d'une bonne entreprise à s'écarter quelque temps de sa valeur intrinsèque. Tant que l'investisseur est sûr que l'entreprise conserve intacte sa capacité fondamentale à générer des bénéfices, la mettre en portefeuille dans ces conditions n'est pas un acte de foi, mais une bonne affaire. Des possibilités de créer de la valeur ajoutée s'offriront toujours à lui dès lors que les réactions émotionnelles d'autrui conduiront le marché à des erreurs d'appréciation temporaires du cours du petit nombre d'entreprises *quality growth* qui composent son univers d'investissement.

Le printemps 2020 a offert à l'investisseur *quality growth* de telles possibilités. Le choc brutal de l'apparition du Covid-19 et l'annonce par l'Organisation mondiale de la santé qu'une pandémie s'abattait sur la planète ont provoqué un krach boursier. Aucune différence n'a été faite entre les entreprises saines, y compris celles d'un univers *quality growth*, et les entreprises médiocres. Les marchés et leurs intervenants s'attendaient à un effondrement économique dans des proportions épiques qui ne laisserait aucune entreprise indemne. Il était difficile de penser le contraire en ces temps de forte incertitude, mais les investisseurs qui en ont profité pour reconstituer leurs portefeuilles *quality growth* ont été largement récompensés les mois suivants.

Partie II

COMMENT

Chapitre 3

Les dix règles d'or

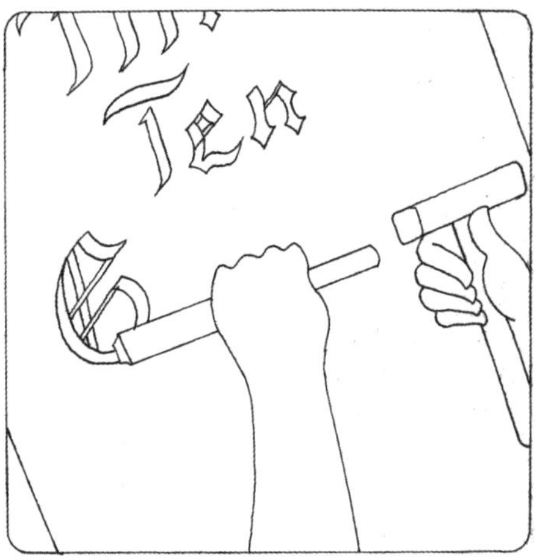

Dans ce chapitre j'expose les dix règles d'or qui nous permettent d'identifier le petit nombre d'entreprises répondant aux critères qu'un investisseur *quality growth* exige. Je les ai élaborées en m'appuyant sur mon travail d'analyse et mon expérience, fruits de plus de quarante ans de pratique du métier.

Il est important de signaler que, lorsque nous parlons d'investissement *quality growth*, nous employons les mots *quality* et *growth* dans un sens spécifique et essentiellement mesurable. La qualité est définie par le bilan de l'entreprise, par la mesure dans laquelle ses actifs sont satisfaisants et par le calibre de son management. Les quatre piliers de la qualité sont les suivants :

- l'historique des performances de l'entreprise ;
- la solidité de son bilan ;
- les pratiques comptables qu'elle adopte ;
- sa gouvernance (la façon dont elle est dirigée).

La croissance, quant à elle, se mesure par la capacité de l'entreprise à augmenter :

- son chiffre d'affaires ;
- sa marge bénéficiaire ;
- son cash-flow.

L'appréciation du cours des actions d'une entreprise dans le temps est étroitement et logiquement corrélée avec la croissance de ses bénéfices. Cependant, ce n'est pas vrai pour toutes les entreprises. Si l'entreprise est très endettée, le cours de ses actions sera influencé par le coût de cet endettement et par le taux d'intérêt existant au moment de refinancer sa dette. Le cours reflétera aussi l'opinion du marché quant au risque de faillite de l'entreprise.

De même, si l'entreprise est cotée sur un marché émergent, le cours de ses actions sera probablement influencé aussi par la prime de risque pays. Les investisseurs demanderont en effet à percevoir des rendements plus élevés si le pays est jugé présenter des risques politiques et de gouvernance plus élevés. Fait crucial : ces facteurs d'influence échappent au contrôle de l'entreprise et sont appréciés de façon indépendante par les marchés financiers.

L'investisseur *quality growth* préfère ne pas laisser ces paramètres exogènes brider les principaux moteurs de la croissance que sont les bénéfices, la marge et le cash-flow. En se tenant rigoureusement au principe consistant à investir dans des entreprises au bilan solide et très peu endettées, et en ne s'aventurant pas sur les Bourses des pays émergents pour éviter de prendre des risques accrus, l'investisseur verra que la trajectoire de croissance à long terme de l'entreprise se reflétera plus fidèlement dans les rendements qu'il obtiendra.

Une fois les ingrédients de la qualité et de la croissance d'une entreprise réunis et une fois l'investissement effectué, il faudra s'armer de patience. Tant que la croissance attendue se matérialisera, l'investisseur peut être sûr que cela se traduira de façon lucrative par une hausse supérieure du cours des actions de l'entreprise. Toutefois, cela peut prendre du temps, aussi est-il indispensable d'être patient.

Par conséquent, même si les valeurs *quality growth* ne peuvent jamais être totalement à l'abri des sautes d'humeur et de la volatilité du marché d'un jour à l'autre, leur performance à long terme est assurée tant que la croissance de leurs bénéfices à long terme reste durable et supérieure à la moyenne, grâce à un bilan solide comme un roc. C'est un constat qui se vérifie dans les faits, pour ceux qui prennent la peine d'examiner les données historiques. Remarquons au passage que le cours des actions d'une entreprise *quality growth* anticipera parfois la croissance future des bénéfices. Cela peut être déconcertant pour l'investisseur. Cette corrélation observable dément l'hypothèse de l'efficience du marché, théorie enseignée dans les *business schools* selon laquelle toute information librement accessible est intégrée dans le cours d'une action à tout moment. Cette théorie ne tient pas compte de l'irrationalité du marché ni du fait qu'une recherche approfondie peut révéler des aspects peu connus d'une entreprise. Lorsqu'une baisse générale des cours se produit lors d'une mauvaise journée à la Bourse, pourquoi cette baisse devrait-elle refléter une détérioration des perspectives économiques de toutes les entreprises dont le cours diminue ? Elle est simplement le résultat d'une mauvaise journée et peut se transformer en hausse à la séance suivante.

Définir l'univers

C'est ce par quoi l'investisseur *quality growth* commence pour créer un portefeuille. La première étape consiste à définir l'univers des candidates possibles, à partir duquel certaines d'entre elles seront sélectionnées pour constituer le portefeuille final. L'objectif premier est de trouver un secteur dont le taux de croissance est, ou est appelé à devenir, supérieur à celui du produit intérieur brut du ou des pays où l'entreprise exerce ses activités.

Dans sa quête, l'investisseur relèvera les changements de paradigme dans les comportements économiques, comme la tendance à la diminution des règlements en espèces ou l'essor du commerce en ligne, pour ne citer que deux exemples notoires.

Plus précisément, il s'agit de trouver les meilleures entreprises de ce secteur, en fonction des dix caractéristiques suivantes.

1. Un modèle économique évolutif.
2. Une croissance sectorielle supérieure.
3. Un leadership continu dans le secteur.
4. Un avantage concurrentiel durable.
5. Une croissance organique forte.
6. Une grande diversité de marchés géographiques ou de clients.
7. De faibles besoins en capitaux et un rendement des capitaux investis élevé.
8. Une situation financière solide.
9. Des comptes transparents.
10. Un management et une gouvernance exceptionnels.

Il ne faut pas longtemps pour s'apercevoir que les entreprises capables de satisfaire à tous ces critères exigeants sont très peu nombreuses. Quelque 50 000 entreprises sont cotées en Bourse dans les pays de l'OCDE. Seulement cinq ou six douzaines d'entre elles répondront aux critères que nous avons établis. Chez Seilern Investment Management, nous refaisons régulièrement cet exercice de sélection, et notre univers d'investissement ne compte actuellement que soixante entreprises.

Les noms qui émergent à l'issue de ce processus sont rarement une grande surprise, étant donné que pour remplir tous ces critères les entreprises auront généralement déjà dû acquérir une grande renommée et être établies depuis longtemps. L'investissement *quality growth* ne s'étend pas aux jeunes entreprises, et l'une des plus importantes conditions à satisfaire par l'entreprise pour être admise dans notre univers est d'avoir un historique des performances régulier en matière de rentabilité et de croissance. Une position dominante sur le marché sera probablement un des facteurs explicatifs de l'avantage concurrentiel durable propre à chacune des entreprises de notre univers.

Les entreprises industrielles peuvent être fascinantes à cet égard. Prenons l'exemple des pompes à eau. Une pompe fabriquée il y a cent ans n'a pratiquement plus rien à voir avec une pompe d'aujourd'hui. Pourtant, les meilleures pompes sur le marché de nos jours sont toujours fabriquées par la même entreprise, Xylem. Comment est-ce possible ? Ce qui compte à long terme, ce n'est pas seulement la capacité d'une entreprise à traverser les phases ascendantes et descendantes du cycle économique (la plupart d'entre elles survivront si elles ont le bon bilan), mais aussi sa capacité à être le chef de file et à partager dans d'incessants cycles d'innovation de produits.

L'innovation touche les entreprises *quality growth* à divers degrés. Certaines ne font guère preuve d'innovation de contenu. Qu'elles l'admettent ou non, les entreprises produisant des biens de consommation de base, comme Unilever ou Danone, appartiennent à ce groupe. Généralement, leurs dépenses en recherche et développement sont faibles et leurs dépenses de marketing considérables. Nombre de grandes entreprises se sont mises ces dernières années à centraliser la prise de décisions dans un souci de rentabilité. Les économies et les bénéfices accrus qu'elles ont ainsi pu réaliser ont été payés au prix fort : dans certains de leurs marchés clés, leurs concurrents locaux en ont profité pour les devancer sur les plans de l'innovation de produits et de la rapidité de réaction face à l'évolution du goût des clients locaux. Faute de réagir rapidement à l'évolution des marchés, ces entreprises ont commencé à perdre des parts de marché et ont vu une partie de leur modèle économique mis à mal.

Un autre groupe d'entreprises *quality growth* attache de l'importance à l'innovation – mais leur démarche d'innovation s'inscrit dans un cycle long. Les modalités de paiement, par exemple, ne changent pas tous les ans. Cependant, les grandes entreprises qui continuent d'investir suffisamment dans l'innovation sont en mesure de garder une bonne longueur d'avance sur leurs concurrents et, de ce fait, sont plus difficiles à rattraper. Automatic Data Processing, Mastercard et Dassault Systèmes en sont des illustrations.

Un troisième groupe d'entreprises *quality growth* est celui dans lequel l'innovation est rapide et essentielle à la survie de l'entreprise. Si l'entreprise cesse d'innover et de s'adapter à la dynamique changeante du marché, elle disparaît rapidement. (Qui se souvient encore d'Eastman Kodak, qui dominait autrefois le marché des pellicules photographiques ?) À l'inverse,

Xylem, dans le secteur des technologies pour l'eau, Graco, dans celui des systèmes pour la gestion des fluides, et Assa Abloy, dans celui des portes et ouvertures, constituent de bons exemples d'entreprises qui ont prospéré dans un environnement où les innovations se succèdent à un rythme soutenu. Ces entreprises *quality growth* réussissent à rester les leaders de leur secteur malgré la forte rotation de leurs produits.

1. Un modèle économique évolutif

Une entreprise *quality growth* doit avoir un modèle économique évolutif. Qu'entend-on par là ? En substance, un modèle économique évolutif est un modèle qui permet à l'entreprise d'augmenter durablement son chiffre d'affaires et ses bénéfices. Le marché de ses produits doit être suffisamment large et ouvert pour absorber la croissance continue de l'entreprise. C'est la clé. Si le marché est trop petit ou trop fermé pour servir la croissance de l'entreprise, les ventes et les bénéfices de cette dernière ne pourront pas progresser au rythme nécessaire. C'est la pierre angulaire des différentes méthodes visant à satisfaire à l'exigence d'évolution.

Examinons quelques modèles économiques qui répondent à la demande d'évolution.

Le modèle en plateforme

Dans sa forme la plus pure, une plateforme est un mécanisme permettant à des groupes distincts (le plus souvent les fournisseurs d'un produit ou service, ses inventeurs et les consommateurs) d'interagir. Le succès de ce modèle repose sur deux ingrédients essentiels : la possibilité constante d'accroître le chiffre d'affaires et la capacité de l'entreprise à maîtriser ses coûts. Les mécanismes à l'œuvre sont facilement compréhensibles : l'activité exercée requiert d'investir dans l'infrastructure pour servir la croissance, mais l'investissement requis est minimum par nature.

Le modèle en plateforme se décline en deux grandes versions : le modèle fondé sur les prix et celui fondé sur le volume.

L'entreprise dotée d'un modèle économique évolutif fondé sur les prix a des coûts de base stables et augmente son chiffre d'affaires principalement grâce à son pouvoir de fixation des prix. C'est ce type de modèle qu'utilise Rightmove, le portail immobilier britannique. Rightmove propose à ses utilisateurs finaux (les acquéreurs potentiels d'un logement) le plus large choix d'annonces immobilières du Royaume-Uni, et ses clients (les agents immobiliers) accèdent aux utilisateurs finaux. Étant donné que les agents immobiliers doivent impérativement pouvoir accéder aux acquéreurs potentiels d'un logement et que le coût de ce service de mise en relation est une fraction des frais de fonctionnement d'une agence immobilière, il est presque certain qu'ils inscriront leur stock de logements sur Rightmove. C'est ainsi que Rightmove a capté l'essentiel de la croissance du marché. Grâce à sa position concurrentielle hautement défendable, Rightmove peut continuer de développer son activité en augmentant les prix. Comme il n'y a pas d'autre choix raisonnable que de s'inscrire sur Rightmove, le marché se satisfait d'absorber les hausses de prix.

Le modèle en plateforme fondé sur le volume est moins régi par la capacité de fixation des prix que par l'augmentation des volumes. Dans ce modèle également, les coûts d'infrastructure sont stables, mais la croissance du chiffre d'affaires est générée essentiellement par augmentation des volumes de production. C'est ce à quoi s'emploie principalement le réseau de paiement Mastercard, qui fournit l'infrastructure servant au paiement par carte. Mastercard dispose de ces ingrédients en abondance. Premièrement, les transactions par carte ne cessant de faire de nouveaux adeptes dans les pays développés et dans ceux en développement, cette entreprise voit son chiffre d'affaires s'accroître régulièrement et s'offrir à elle la perspective de nombreuses autres années de croissance à venir. Deuxièmement, l'infrastructure nécessaire pour traiter les transactions est un coût semi-fixe, au sens où le coût marginal que représente l'ajout d'un nouvel usager est faible.

Le modèle axé sur les capacités

Le second modèle économique dominant est le modèle évolutif axé sur les capacités. Il permet à l'entreprise d'augmenter sa production et de générer une croissance en ajoutant de nouvelles capacités. Comme pour le modèle en plateforme, il est crucial que le marché puisse absorber plus de croissance. Fanuc, le fabricant japonais de robots, en est une bonne illustration. Les usines de production qu'il utilise pour fabriquer ses robots sont très automatisées. Lorsqu'elles approchent de la pleine capacité, la demande de robots est suffisamment robuste pour que Fanuc puisse construire une nouvelle usine et la faire monter en puissance tout en restant dans les limites d'une allocation prudente des capitaux.

Il faut souligner que les modèles économiques évolutifs ne donnent des résultats satisfaisants que tant que le marché offre des perspectives de croissance. De nombreuses entreprises de biens de consommation de base éprouvent de plus en plus de difficultés à déployer à plus grande échelle leur modèle. Pour rester compétitives, elles procèdent à des acquisitions coûteuses, ce qui nécessite souvent de s'endetter, cèdent des parties non essentielles de leurs activités et repensent leurs stratégies dans les marchés géographiques clés. Rien ne garantit que ces changements porteront leurs fruits, et, pendant ce temps, leurs modèles économiques se détériorent – constat rappelant utilement que l'investisseur *quality growth* doit toujours être attentif aux développements sur le marché qui menacent la qualité ou la croissance de son investissement idéal.

2. Une croissance sectorielle supérieure

Nous savons qu'à long terme les bénéfices déterminent le cours des actions. Dès lors qu'une entreprise fait progresser durablement ses bénéfices, le cours de ses actions suivra. Grâce à l'extraordinaire pouvoir des taux composés, au fil du temps, cette croissance se traduira pour l'investisseur par des rendements durables et supérieurs à la moyenne. Opérer dans un secteur ayant une croissance supérieure est, par conséquent, une caractéristique cruciale de l'entreprise et le deuxième de nos critères définissant ce qui constitue selon nous une croissance de qualité.

Par secteur en expansion, on entend un secteur qui enregistre un taux de croissance supérieur à celui du PIB (l'indicateur mesurant le niveau général de l'activité économique d'une économie) et qui est largement indépendant des fluctuations du cycle économique. Ce type de croissance est généralement impulsé par des changements séculaires dans l'activité économique et l'activité des entreprises, comme le passage du paiement en espèces au paiement électronique, la raréfaction mondiale de l'eau et le vieillissement démographique.

Dassault Systèmes, le leader mondial des solutions logicielles de gestion du cycle de vie des produits, constitue un bon exemple d'entreprise qui opère dans un tel secteur. Un système de gestion du cycle de vie des produits est, comme son nom l'indique, un dispositif conçu pour relier entre eux tous les différents types de logiciels contribuant à la fabrication d'un produit, de la génération d'idées au marketing et à la commercialisation finale d'un produit en passant par sa conception et sa fabrication. Il peut s'agir de logiciels de conception et de simulation 3D, de logiciels de gestion de données produits, ou bien de planification des ressources de l'entreprise ou encore de gestion de la relation avec la clientèle. Permettre à tous ces programmes de fonctionner efficacement ensemble peut générer des gains d'efficience à tous les niveaux d'une organisation en réduisant le temps, l'énergie et les matériaux consacrés au produit.

La généralisation du numérique au sein des entreprises et de l'activité organisationnelle étant une tendance inexorable, Dassault opère dans un secteur qui est incontestablement porté par une forte croissance tendancielle séculaire. Plus une organisation se complexifie, plus il est nécessaire de coordonner les logiciels. L'avantage concurrentiel dont Dassault bénéficie découle de sa capacité à générer des produits à un moindre coût et plus efficacement que ses rivaux. Les entreprises n'ont d'autre choix que d'adopter ces technologies si elles veulent rester compétitives. La transformation numérique est une force motrice structurelle de ce secteur, qui devrait atténuer l'impact d'un futur ralentissement ou d'une récession, et, ce faisant, faciliter à Dassault l'accroissement de ses ventes année après année.

L'intérêt de la croissance structurelle d'un secteur s'apprécie plus aisément en comparant ce secteur à ceux qui ne jouissent pas de cet avantage. Pensez à l'édition, aux vidéo-clubs ou à la production de charbon, secteurs en déclin de longue date. Lorsque la croissance sectorielle se ralentit ou s'arrête, le seul moyen d'augmenter les ventes est de gagner des parts de marché. Même si c'est une stratégie bonne et respectable pour l'entreprise, c'est un jeu à somme nulle pour le secteur – car il y a nécessairement un perdant pour chaque gagnant – et ce n'est pas une source durable de croissance.

Toutefois, ce n'est pas une science exacte. Force est de constater que les secteurs cycliques se trouvent souvent sur une ligne de crête, oscillant entre croissance et déclin. Les entreprises de ces secteurs sont tributaires des flux et reflux du cycle économique, ce qui rend inévitablement leurs flux de bénéfices plus volatils et plus difficiles à prévoir. Par définition, ces secteurs ne génèrent une croissance supérieure que dans les phases d'expansion du cycle économique. S'il était possible de prévoir avec précision les points de retournement du cycle économique, les entreprises des secteurs cycliques pourraient davantage être prises en considération, ce qui n'est malheureusement pas le cas. Elles ne satisfont donc pas au critère de la croissance régulière que l'investisseur *quality growth* exige.

3. Un leadership continu dans le secteur

Une entreprise aura de meilleures chances de se développer durablement si elle opère dans un secteur enregistrant une croissance structurelle supérieure. Cependant, lorsque l'entreprise est dotée d'un modèle économique évolutif et opère dans un secteur ayant une croissance supérieure, le succès n'est pas garanti pour autant. Il faut en plus que l'entreprise soit le chef de file du secteur. Par conséquent, la troisième de nos règles d'or est que les entreprises que nous choisissons doivent exercer ce leadership en continu depuis un certain temps. En effet, la rentabilité d'une entreprise moyenne dans un secteur connaissant une croissance structurelle est exposée à des risques supplémentaires. Par exemple, dans bien des secteurs, comme dans le domaine du sport, la dynamique concurrentielle a tendance à engendrer un marché dans lequel le gagnant emporte toute la mise (ou presque), c'est-à-dire que les principales entreprises du secteur se partagent l'essentiel des gains.

Il faut à une entreprise de nombreuses années d'investissement, de patience et de détermination pour devenir le chef de file du secteur et acquérir le type de position dominante sur le marché que nous recherchons. C'est pourquoi les entreprises *quality growth* sont souvent des marques très connues et peuvent se trouver très facilement dans les marchés développés. Leur capitalisation boursière sera en général déjà élevée, se comptant en milliards de livres sterling, d'euros ou de dollars. Certes, il existe des entreprises de bonne qualité dont la capitalisation boursière est beaucoup plus faible, mais dans ces cas l'investisseur risque d'être confronté à un marché moins liquide – autrement dit, il lui sera peut-être difficile d'acheter ou de vendre les actions en Bourse car le marché sera incapable d'absorber les volumes demandés. Plus le nombre d'actions concernées est important, plus le risque que cela provoque des mouvements défavorables des cours est élevé. Cet important facteur ne saurait être ignoré, même dans le cas d'entreprises à plus forte capitalisation boursière ; la qualité coûte parfois trop cher[6].

Les entreprises qui exercent un leadership continu dans le secteur et occupent une position dominante sur le marché sont généralement reconnaissables. Par exemple, nul ne conteste qu'Accenture, multinationale américaine, jouisse d'une position dominante dans le secteur de l'externalisation et des services de conseil en management. On peut également citer Automatic Data Processing, une entreprise américaine de traitement des données qui propose des solutions pour la gestion des ressources humaines, génère des cash-flows exceptionnels et bénéficie d'un bilan noté double A. Comme susmentionné, Dassault Systèmes, société française, est le leader mondial des solutions logicielles 3D permettant aux entreprises de définir, simuler et optimiser des biens manufacturés.

Lorsqu'une entreprise est parvenue à occuper une position dominante, l'avantage pour l'investisseur *quality growth* est qu'il peut être difficile de l'en déloger. Imaginez le temps et la peine considérables qu'il faudrait pour créer une marque capable de détrôner Coca-Cola. De même, peu d'entreprises ont réussi à rivaliser avec la puissance en ligne de Google ou Priceline.

L'entreprise occupant une position de marché dominante bénéficie d'un avantage majeur, qui est une des principales caractéristiques d'une entreprise *quality growth* : elle peut dicter ses prix. En quoi est-ce important ? La mort lente des syndicats et l'essor de la mondialisation et d'Internet ont accéléré le transfert du pouvoir de fixation des prix, des producteurs aux consommateurs, au cours des vingt dernières années. Cela a eu pour effet de maintenir les taux d'inflation à des niveaux historiquement bas. Être continuellement le leader du secteur permet aux entreprises *quality growth* de se défendre face à la tendance macroéconomique à la baisse des prix et à la résurgence de l'inflation qui s'observe actuellement.

Quels sont les avantages pour une entreprise *quality growth* de disposer d'un pouvoir de fixation des prix dans un contexte de résurgence de l'inflation ? Pour se préserver d'une montée de l'inflation, une entreprise a trois lignes de défense.

La première d'entre elles, et de loin la plus importante, est le pouvoir de fixation des prix. L'entreprise qui détient un tel pouvoir est en mesure

6. Bien qu'étant une question technique, les contraintes de liquidité n'en sont pas moins un facteur important en matière de gestion de portefeuille.

d'augmenter le prix des produits et services qu'elle vend à un rythme égal ou supérieur au rythme de hausse de ses coûts. L'entreprise ne peut y parvenir que si elle est protégée par un fossé économique infranchissable, si elle a fragmenté et diversifié sa clientèle et si ses produits et services constituent pour ses clients des éléments indispensables à leurs activités de production et ne représentent qu'un faible pourcentage de leur coût de production total. En fait, l'entreprise qui a un pouvoir absolu en matière de fixation des prix sera souvent en mesure d'imposer des hausses de prix bien supérieures à celles du coût de ses intrants, ce qui aura progressivement des effets bénéfiques sur sa rentabilité globale.

La seconde ligne de défense consiste à avoir des marges brutes et des marges d'exploitation élevées. Schématiquement, l'entreprise dont les coûts d'exploitation sont plus faibles sera relativement moins impactée que l'entreprise dont les marges sont ultra-minces. De fait, il est possible pour l'investisseur *quality growth* de constituer un univers d'une soixantaine d'entreprises dont les marges brutes et d'exploitation moyennes sont supérieures de presque 50 % à celles de l'entreprise moyenne du S&P 500.

La dernière ligne de défense consiste à avoir un modèle économique léger en actifs et, de ce fait, à ne pas devoir réaliser dans le futur d'importantes dépenses d'investissement pour continuer d'augmenter les ventes. Quand l'inflation grimpe, le coût futur des nouveaux biens d'équipement ou de construction d'une nouvelle usine s'accroît aussi. Les vraies entreprises *quality growth* n'ont besoin que de peu de capitaux futurs pour poursuivre leur développement. En effet, elles peuvent intégrer peu à peu de nouveaux clients à leur modèle économique mondial pour un coût très faible, bénéficiant ainsi de fortes économies d'échelle et de rendements incrémentaux des capitaux. Il semblerait logique que les entreprises en mesure d'imposer leur prix sans perte d'activité économique se voient accorder une prime, ce qui est généralement le cas.

Hermès, le groupe de luxe français, en est un bon exemple. Il a augmenté le prix de ses produits d'environ 4 % en moyenne[7] en taux annuel composé au cours des vingt dernières années, malgré les tendances déflationnistes observées dans le monde. Novo Nordisk, fabricant danois d'insuline, a augmenté à un rythme similaire le prix de ses produits contre le diabète, bien que le secteur de la santé soit fréquemment l'objet d'attaques de la

7. Pour certains de ces produits, comme le sac Birkin, le chiffre est plus proche de 8 %.

part de gouvernements tiraillés entre la nécessité pour les sociétés pharmaceutiques de réaliser des bénéfices pour pouvoir financer la recherche et le développement de nouveaux produits pharmaceutiques et la nécessité politique d'être perçus comme protégeant les consommateurs contre une hausse du prix de ces produits. L'historique des performances de PepsiCo en matière de fixation des prix est tout aussi impressionnant, de même que celui du joaillier Tiffany et de la société de parfums et de cosmétiques Estée Lauder.

Une autre entreprise disposant d'un grand pouvoir de fixation des prix, même si elle est moins connue, est Moody's. Spécialisée dans la notation de la dette des entreprises, Moody's a augmenté ses prix au taux annuel de 3-4 % au cours de la dernière décennie. Elle y est parvenue bien que la réputation des agences de notation ait sombré durant la crise financière mondiale, quand de nombreux investisseurs les ont accusées d'avoir fermé les yeux sur les risques associés aux *subprimes* (prêts hypothécaires à risque) et autres pratiques de prêt dangereuses. La demande de la part des marchés financiers ne s'étant jamais démentie, non seulement les agences de notation ont survécu, mais en plus elles ont prospéré. En effet, comme les banques ont été obligées de renoncer à de nombreux types de prêts alors que le niveau extrêmement bas des taux d'intérêt incitait de plus en plus d'entreprises à s'endetter, les obligations d'entreprise ont explosé. Cela a augmenté la demande de notation de tous ces emprunts, ce qui est le cœur de métier de Moody's.

Le pouvoir qui permet à une entreprise d'imposer ses prix doit être utilisé de façon réfléchie. Abuser de ce pouvoir sur le marché peut attirer les foudres des consommateurs, des hommes politiques et des autorités de réglementation. Ainsi, quand le rôle de Moody's et de Standard & Poor's dans la crise du crédit les a placées sous les feux des projecteurs, ces deux agences de notation leaders ont été soumises à de fortes pressions de la part du Congrès américain pour qu'elles changent leur façon de travailler. Pendant un certain temps, cela a été une situation alarmante pour les investisseurs *quality growth* qui détenaient des participations dans Moody's. Finalement, le modèle économique en est sorti largement indemne, et le risque de réglementation s'est estompé. Même lorsque l'impact sur les consommateurs n'est pas particulièrement fort, une entreprise peut facilement s'attirer de fâcheuses critiques. Visa et Mastercard en sont de récentes illustrations.

Dans le cas d'entreprises comme Graco, Xylem ou Accenture, qui opèrent dans des secteurs où il existe une prime à l'innovation permanente fructueuse, les lourdes dépenses nécessaires de recherche et de développement doivent être examinées attentivement par les investisseurs pour détecter tout signe d'une diminution des rendements. Le passé montre qu'il existe un risque indéniable à ce que les chefs de file du secteur finissent par se reposer sur leurs lauriers et quitter la balle des yeux, permettant ainsi à de nouveaux entrants de modifier la donne. Le cas de Novo Nordisk aux États-Unis est parlant à cet égard. Le nouveau management a reconnu que, pendant un temps, l'entreprise ne s'est pas rendu compte que ses produits étaient en train de se banaliser. On peut également citer en exemple Danone, leader mondial des yaourts, qui n'a pas détecté la tendance des consommateurs à devenir friands de yaourts à la grecque.

Les investisseurs peuvent en outre être induits en erreur par le type de pouvoir de fixation des prix artificiel et de courte durée que d'importantes dépenses de marketing peuvent conférer sans pour autant faire une différence durable en termes de pérennisation de la croissance future. Danone, Reckitt, Colgate-Palmolive et Nestlé se sont toutes rendues coupables de cette pratique par moments, dépensant de fortes sommes pour promouvoir leurs produits non brevetés vendus dans les marchés émergents, mais sans effet durable. À l'heure où le commerce électronique gagne en importance et où les acheteurs se tournent vers Internet, les produits existants ne peuvent plus compter seulement sur la notoriété de la marque pour que les consommateurs leur restent fidèles. Les entreprises qui n'exploitent pas leurs atouts en développant des solutions leur permettant de relever avec succès le défi du commerce électronique risquent de voir leur statut en matière de croissance se détériorer.

L'Oréal constitue un bon exemple d'entreprise ayant su s'élever à la hauteur des enjeux du commerce électronique alors qu'elle occupe une position de leader dans le secteur. La société continue de gagner des parts de marché dans le secteur des cosmétiques grâce à sa stratégie digitale. L'Oréal a été l'une des premières entreprises de biens de consommation à nommer une directrice générale Digital à son comité exécutif. Elle a en outre reconnu la nécessité d'adapter son portefeuille de marques et ses canaux de distribution au nouvel environnement des consommateurs. Comme bien souvent, une gouvernance efficace de l'entreprise a été la clé pour relever avec succès ce nouveau défi. C'est une preuve supplémentaire que les règles d'or sont toutes interdépendantes.

Le pouvoir de fixation des prix est un paramètre particulièrement important pour l'investisseur en période de désinflation, et encore plus quand la déflation semble bien partie pour perdurer. L'entreprise dont les prix et les bénéfices continuent d'augmenter en période de ralentissement de la croissance économique sera récompensée sous la forme d'un PER supérieur à celui des entreprises obligées de céder aux consommateurs une partie de leur pouvoir habituel de fixation des prix. Ceux ayant investi dans des actions dont le PER bénéficie de cette prime en période de ralentissement économique seront récompensés par le fait qu'ils verront leur portefeuille décliner moins fortement que l'ensemble du marché, ce qui constitue une importante source de protection du capital.

Il importe naturellement de définir ce que l'on entend par leader du secteur. La plupart des définitions suggèrent que le leader du marché sera toujours le plus gros acteur du secteur, mais ce n'est pas toujours le cas. Les investisseurs *quality growth* recherchent les entreprises qui sont les mieux placées pour s'approprier l'essentiel de la valeur dans un marché en expansion. Fanuc, le fabricant japonais de robots, est sensiblement plus petit en termes de chiffre d'affaires que le plus gros acteur du marché, Asea Brown Boveri. Pourtant, Fanuc génère régulièrement une croissance supérieure et des marges d'exploitation supérieures à celles de son rival, grâce à des installations de production d'avant-garde, à des produits d'excellente qualité et à une culture centrée sur les besoins du client. Ces caractéristiques sont des avantages concurrentiels qui lui permettent de gagner constamment des parts de marché.

4. Un avantage concurrentiel durable

Pour savoir qui exerce un leadership continu dans le secteur, il faut étudier en détail l'histoire de l'entreprise et du secteur dans lequel elle évolue. La plupart du temps, les entreprises *quality growth* jouiront de multiples avantages concurrentiels, ce qui crée des boucles de rétroaction bénéfiques et renforce leur position concurrentielle au fil des ans. Aucun avantage concurrentiel, cependant, ne résiste indéfiniment à l'épreuve du temps, et la capacité du leader d'un secteur à conserver sa position *sur le long terme* est une autre des règles d'or régissant la philosophie de l'investissement *quality growth.*

Les avantages concurrentiels peuvent se classer en deux grandes familles : un produit ou service supérieur et un modèle économique supérieur. Proposer un produit ou service supérieur permettra souvent à l'entreprise d'imposer des prix plus élevés. Par exemple, Straumann, fabricant d'implants dentaires, a pu apporter la preuve grâce à des décennies d'études cliniques que ses implants résistent mieux au temps que les implants proposés par n'importe lequel de ses concurrents. Sa capacité à fabriquer des produits de qualité supérieure a été récompensée par la grande fidélité de ses clients et par une moindre élasticité-prix. Cependant, la satisfaction d'un client est notoirement subjective, et parfois le sentiment que le produit ou service est de qualité supérieure peut suffire à créer un avantage. Ainsi, Nike et Adidas sont depuis des années les leaders du secteur des chaussures de sport et ont porté leur part de ce marché de 37 % en 2008 à 45 % en 2017[8]. Cela est principalement dû au fait que leur marque est plus attirante, et non à un avantage particulier sur le plan de la qualité du produit.

Le second type d'avantage concurrentiel résulte d'un modèle économique supérieur. Le modèle de mode éphémère (« fast-fashion ») d'Inditex en est une bonne illustration. La société a conçu sa chaîne d'approvisionnement avec pour seul objectif de pouvoir confectionner les vêtements en petites séries et les distribuer à la plupart de ses magasins en seulement deux semaines. Ainsi, les gérants de ces magasins peuvent reconstituer rapidement les stocks des articles qui se vendent le mieux, tout en réduisant les démarques sur ceux qui se vendent moins bien. La rotation permanente des produits signifie en outre que les consommateurs visitent plus souvent les magasins pour voir les dernières créations. Bien que de nombreux concurrents aient tenté de reproduire son modèle, Inditex continue de prendre des parts du marché de l'habillement et demeure le leader de la mode éphémère.

En jouissant d'un avantage concurrentiel durable, une entreprise acquiert une position lui permettant de produire un bien ou service à un prix défiant toute concurrence. Même si d'autres entreprises du même secteur s'efforcent de l'imiter et de la concurrencer sur le prix, elles réussiront

8. Source : Euromonitor.

rarement, du moins pas à court terme. Si le bien ou service proposé par une entreprise disposant d'un avantage concurrentiel durable est *essentiel* – c'est-à-dire nécessaire dans tous les scénarios économiques – l'entreprise devient un « fixeur de prix ». C'est le jargon employé pour désigner l'entreprise capable de dicter ses prix, au lieu d'être obligée de s'aligner sur les prix mondiaux. Dans la limite du raisonnable, elle sera en mesure d'imposer des prix plus élevés, voire croissants, sans provoquer une érosion de la demande. Cette inélasticité-prix de la demande est ce qu'une position dominante sur le marché contribue à obtenir.

Les entreprises possédant un véritable avantage concurrentiel durable sont en mesure de défier la vieille loi des rendements décroissants. Selon cette loi, il arrive un moment où l'entreprise qui génère des bénéfices élevés et croissants voit sa situation dégradée par l'arrivée sur le marché de nouveaux rivaux qui érodent son avantage concurrentiel. Cela ne se produit pas toujours. Certaines entreprises conserveront un avantage concurrentiel bien qu'elles ne soient pas en mesure de différencier les prix. Visa et Mastercard sont, là encore, deux exemples frappants. Ces entreprises bénéficient d'un avantage d'antériorité : comme elles ont été les pionnières de leur marché, il est difficile pour leurs rivales de reproduire leur réseau de distribution et la qualité de leur marque. Priceline combine trois sources distinctes d'avantages concurrentiels : sa relation étroite et de longue date avec les hôtels, la valeur de son réseau d'utilisateurs et la flexibilité et la richesse d'informations de sa plateforme après-vente.

La capacité d'une entreprise à conserver durablement ses avantages concurrentiels revêt une importance primordiale pour l'investisseur *quality growth*. L'entreprise possédant un avantage concurrentiel durable est intéressante pour de multiples raisons. Cela se traduit par une croissance durable du chiffre d'affaires et des cash-flows. En outre, cela augmente la fiabilité des prévisions concernant cette future croissance, ce qui diminue le risque. Un bon exemple de secteur où ces caractéristiques brillent par leur absence est celui du transport aérien. Bien que la productivité des compagnies aériennes ait fortement augmenté au cours des cinquante dernières années, grâce à l'amélioration considérable du rendement énergétique des moteurs et au temps et à l'argent économisés en offrant aux passagers la possibilité de s'enregistrer eux-mêmes, le coût des voyages aériens longue distance n'a jamais été aussi faible. Cela tient notamment à ce que la plupart des améliorations techniques ont été accessibles à *tous* les concurrents du marché des voyages aériens longue distance, et pas seulement à une poignée de compagnies. De ce fait, la plupart du temps les économies ont été de courte durée, revenant aux consommateurs sous la forme d'une baisse des tarifs.

5. Une croissance organique forte

L'entreprise *quality growth* que nous recherchons aura connu des années durant, pendant dix ou vingt si possible, une croissance supérieure s'étendant sur des cycles économiques entiers. Si toute entreprise est susceptible de voir un jour ou l'autre sa dynamique s'enrayer, un historique des performances long n'implique pas pour autant que la dynamique s'essoufflera inéluctablement. Un taux de croissance supérieur suppose d'augmenter sans relâche le chiffre d'affaires et les cash-flows, même lors d'une récession quand l'entreprise moyenne subit, elle, inévitablement une détérioration de ses bénéfices, voire des pertes. Notre cinquième règle d'or met en exergue l'importance de cette croissance résultant de gains organiques, autogénérés.

Comment reconnaître un taux de croissance supérieur ? Si le taux de croissance moyen du PIB d'un pays est, disons, inférieur à 5 %, selon nos critères de croissance et de qualité nous devons chercher une croissance du chiffre d'affaires qui est aussi proche que possible de deux chiffres. Si la croissance de l'entreprise moyenne se situe entre 5 % et 10 %, l'entreprise *quality growth* devrait afficher une croissance à deux chiffres. À l'inverse, aucune entreprise qui augmente son chiffre d'affaires à un taux inférieur au haut de la fourchette à un chiffre et ses bénéfices nets à un taux inférieur à 10 % n'est susceptible de réunir les conditions requises pour être qualifiée d'entreprise *quality growth*.

Trouver une entreprise satisfaisant à la cinquième règle d'or est une vraie gageure et c'est pourquoi les entreprises *quality growth* dignes de ce nom sont si rares. C'est aussi pourquoi le cours de leurs actions est en général assorti d'une prime. Cette prime fait souvent fuir les investisseurs dont la discipline de valorisation leur interdit de payer plus cher pour acquérir une entreprise *high-quality growth*. L'investisseur *quality growth* expérimenté sait quant à lui que c'est une force, non une faiblesse. La prime accordée aux entreprises *quality growth* dignes de ce nom diminue rarement, et, lorsque cela se produit, c'est généralement le résultat d'un marché baissier dans lequel le cours des actions des autres types d'entreprises recule encore beaucoup plus. Lorsque la prime disparaît bel et bien, c'est d'ordinaire une occasion formidable pour l'investisseur de mettre l'entreprise en portefeuille.

L'opinion officielle – et celle à laquelle les autorités de régulation obligent les fournisseurs de fonds à adhérer – est que « les performances passées ne préjugent pas des performances futures ». C'est vrai d'un point de vue purement logique, mais faux de tous les autres. En fait, je dirais que, pour l'investisseur expérimenté, la performance passée est souvent l'indicateur le plus fiable de la performance future que l'on puisse trouver ! Ne perdons pas de vue que ce message d'avertissement a été instauré par l'autorité britannique de régulation des services financiers principalement dans le but de protéger les investisseurs inexpérimentés désireux d'acquérir des valeurs mobilières en s'attendant naïvement à ce que leur performance future reproduise leur performance passée.

L'objectif est peut-être louable, mais cela ne fait pas de ce mantra une vérité universelle. Bien sûr, cela s'applique tout à fait aux entreprises cycliques, comme les constructeurs automobiles, pour lesquels une phase d'expansion de cinq ans est couramment suivie d'une phase d'effondrement. Toutefois, ce type d'entreprise ne nous intéresse pas. Pour l'investisseur *quality growth*, une solide performance passée est une condition *sine qua non*, le signe indispensable qu'il vaut peut-être la peine d'investir dans l'entreprise. Cela dit, la performance passée ne rend pas à elle seule un investissement souhaitable. Le plus important est de comprendre comment une entreprise enregistrant régulièrement une croissance supérieure depuis des années est parvenue à cette situation désirable. L'investisseur *quality growth* voudra identifier le fossé concurrentiel qui s'est creusé autour de l'entreprise et savoir de quelle façon elle a défendu cet avantage. Alors seulement il pourra déterminer si l'entreprise sera ou non susceptible de maintenir le rythme de croissance de ses volumes, marges et bénéfices dans un futur lointain.

Dans l'idéal, la croissance enregistrée par l'entreprise sera organique, c'est-à-dire générée par les propres activités de l'entreprise. Il arrive, cependant, que la performance passée d'une entreprise soit principalement attribuable à une croissance par acquisitions et non à une croissance organique (autogénérée). Les acquisitions présentent des risques et il faut parfois agiter le drapeau rouge. Si l'entreprise ciblée est une entreprise *quality growth*, au sens où nous définissons ce terme, elle aura déjà une culture ou des méthodes de travail qui lui sont propres. Vouloir fusionner une culture unique en son genre avec une autre sans diluer ou perdre l'une ou l'autre est un défi ambitieux et souvent insurmontable. Si l'acquisition a de plus été financée par émission de nouvelles actions ou obligations, cela obérera le bilan, ce qui pourrait conduire à la violation d'une de nos autres règles d'or et mettre en péril la valorisation de la nouvelle entité issue du regroupement. Les actionnaires existants pourraient en outre souffrir d'une dilution des bénéfices.

L'avènement de la nouvelle économie – phénomène selon lequel les technologies de pointe gagnent en importance comme source de croissance – a augmenté le montant de la survaleur intégrée dans le prix d'achat d'une acquisition[9]. Une acquisition présentant une survaleur non négligeable repose sur l'hypothèse que les rendements futurs seront égaux ou supérieurs au montant de la survaleur que l'acquéreur aura effectivement payé. Lorsque cette anticipation se révèle exagérée, comme c'est malheureusement souvent le cas, la perspective de bénéfices doit être revue à la baisse, ce qui donne lieu à la constatation de charges de dépréciation. Quand cela se produit, la nouvelle réalité peut se refléter rapidement dans le cours des actions et faire subir à l'actionnaire une perte en capital définitive. Il a souvent été observé à juste titre que de nombreuses acquisitions sont le triomphe de l'espoir sur l'expérience.

Les acquisitions ne sont pas forcément toutes de mauvaises opérations, bien entendu. Les acquisitions dites *bolt-on*, où le capital est déployé pour acheter une entreprise qui s'intégrera facilement à celle de l'acquéreur et qui nécessitera peu de travail supplémentaire pour augmenter le rendement des capitaux, peuvent être des réussites. Sous réserve que le prix payé soit juste, ce type d'acquisitions n'est pas incompatible avec le concept d'investissement *quality growth*. Toutefois, selon nous, même les acquisitions *bolt-on* seront l'exception, non la règle, dans notre quête de l'entreprise idéale.

Le cas des acquisitions d'envergure est différent. En théorie, si la valeur intrinsèque de l'entreprise ciblée est supérieure à celle de l'entreprise de l'acquéreur, l'acquisition servira à augmenter les bénéfices par action de

9. La survaleur est le terme comptable désignant l'écart positif entre le prix payé pour une acquisition et la valeur comptable des actifs corporels de l'entreprise objet de l'acquisition.

l'entité issue du regroupement. La plupart du temps, cependant, une acquisition d'envergure a pour effet de diluer, et non de concentrer, la participation de l'actionnaire acquéreur. D'ailleurs, si l'acquéreur émet ses propres actions pour financer l'acquisition, l'effet dilutif s'exprimera tôt ou tard par une diminution du cours des actions. Dans le cas d'une acquisition, ce dont l'investisseur *quality growth* se soucie vraiment, c'est la valeur de ce qui a été acheté, non le prix payé[10].

Les fusions entrent dans la même catégorie que les acquisitions et devraient être traitées avec une extrême prudence par l'investisseur *quality growth*. Une fusion entre deux grandes entreprises ayant approximativement la même taille est souvent présentée comme un mariage d'égaux. Il ne faudra pas longtemps pour que ce mythe vole en éclats. Non seulement il est difficile de fusionner deux cultures uniques en leur genre, mais la nature humaine rend la collaboration difficile et il y a toujours des batailles d'ego, les managers et les employés jouant des coudes pour obtenir le poste qu'ils convoitent. Ce n'est qu'une question de temps avant que les tensions censées être créatrices deviennent destructrices. Les discussions suscitées par le projet de fusion entre Essilor et Luxottica, deux entreprises *high-quality growth*, en témoignent. Les rumeurs d'affrontements entre personnalités et autres tensions ont provoqué une baisse du cours de ces actions avant même que l'opération ne soit conclue.

Un des désastres les plus spectaculaires de ce type s'est produit après la fusion d'AOL et Time Warner en 2000. La capitalisation boursière combinée de ces deux entreprises s'élevait à 350 milliards de dollars américains. Censée consacrer le mariage de la technologie et des médias, la fusion a été célébrée avec éclat et champagne dans une ambiance d'admiration mutuelle. Mais les choses ont très mal tourné. Trois ans après la fusion, la nouvelle entité créée affichait une perte de 99 milliards de dollars américains. En janvier 2015, les deux entreprises, qui s'étaient séparées entretemps, ne valaient pas plus de 74 milliards de dollars américains à elles deux, soit à peine un cinquième de leur valeur initiale. C'est l'exemple suprême d'une perte en capital définitive. Il en existe de nombreux autres.

Lorsque l'on cherche à déterminer si la future croissance d'une entreprise est ou non durable, même dans le cas d'entreprises privilégiant la croissance organique, il faut examiner comment cette croissance a été

10. Selon le célèbre aphorisme du grand investisseur américain Warren Buffett, « Le prix est ce que vous payez. La valeur est ce que vous obtenez ».

obtenue. Les chemins de la croissance bénéficiaire ne sont pas tous de la même qualité. Par exemple, d'ambitieux efforts de réduction des coûts ne peuvent se poursuivre indéfiniment. Une diminution du taux de l'impôt sur les sociétés et des taux d'intérêt augmentera les bénéfices de l'entreprise, mais il ne faut pas s'attendre à ce qu'elle se répète – et, de toute façon, elle échappe au contrôle de l'entreprise. Ces modes de croissance ne sont pas durables sur le long terme.

Pour l'investisseur *quality growth*, par conséquent, l'entreprise idéale générera sa croissance par croissance organique de ses ventes. Les entreprises de ce type fixent le prix des produits et/ou services qu'elles vendent. Comme indiqué précédemment, plus le pouvoir de fixation des prix est fort, plus l'investisseur peut être confiant dans la fiabilité et la durabilité de ses prévisions. Lorsqu'il investit dans une société d'exploration et de production de pétrole, par exemple, ou dans toute autre société dont les prix sont fixés par le marché et non par elle, l'investisseur ne peut établir de prévisions raisonnables sur le prix des produits de cette entreprise dans cinq ans. Les entreprises de ce type ne satisfont donc pas au test de la croissance organique durable.

À l'opposé, une entreprise comme Estée Lauder a réussi à augmenter ses prix d'en moyenne 2 % par an dans le passé, et il n'y a aucune raison de penser que cela ne continuera pas dans le futur. La difficulté pour l'investisseur consiste à éviter le plus grand nombre possible de paramètres susceptibles d'invalider ses projections en matière de croissance des bénéfices. Moins le futur de l'entreprise compte de points d'interrogation, plus grandes sont les chances de réussite. La raison pour laquelle la croissance par acquisition est généralement un élément secondaire de la stratégie d'une entreprise *quality growth* est que ce type de croissance introduit une multitude de risques exogènes que l'on ne peut prévoir avec justesse.

6. Une grande diversité de marchés géographiques ou de clients

La diversification vise à réduire ce que l'on appelle le risque de concentration. Lorsqu'un petit nombre de clients représente l'essentiel de la clientèle d'une entreprise, le risque pour l'entreprise, si un ou plusieurs d'entre eux la quitte, est manifestement élevé. De même, lorsque la majorité des clients se situe dans un pays où l'État s'ingère dans les affaires du secteur privé, on ne peut jamais anticiper les changements de législation susceptibles de se produire au détriment de l'entreprise. Cela a constitué clairement un danger en 2021 pour les multinationales *quality growth* et autres entreprises opérant en Chine. D'où la nécessité de bien diversifier les marchés géographiques et la clientèle pour réduire le risque de concentration. C'est l'idée maîtresse de notre sixième règle d'or : mieux vaut ne pas investir dans des entreprises dont les risques sont concentrés d'une manière ou d'une autre, en particulier lorsque ces risques échappent au contrôle de l'entreprise.

La productivité est la clé de voûte de toute entreprise, sa raison d'être. Une entreprise *quality growth* a pour objectif de générer un rendement des capitaux investis qui est supérieur au coût de ses capitaux et qui sert à financer la croissance en cours et future de l'entreprise avec une grande marge de sécurité. Accroître la productivité de toutes les ressources qu'elle utilise – technologiques, humaines et financières – est le moyen pour elle d'y parvenir. La productivité peut se mesurer de diverses manières – par exemple, en termes de production par heure et par personne ou de pourcentage du montant des capitaux déployés. À l'évidence, l'entreprise qui n'a pas de gros besoins en capitaux, mais génère un chiffre d'affaires régulier et croissant, aura une productivité supérieure à celle de l'entreprise qui doit régulièrement injecter des capitaux pour obtenir les mêmes résultats. Lorsque les dépenses en capital de l'entreprise doivent être financées en augmentant régulièrement le capital social, cela se répercute directement sur les rendements que l'actionnaire peut escompter.

La capacité à générer des gains de productivité est donc au cœur de toute vraie entreprise *quality growth* objet de notre quête d'investissement. C'est une autre façon de dire que les différents types de croissance des bénéfices ne se valent pas tous. En règle générale, plus le poste dans lequel la croissance est comptabilisée se situe dans le haut du compte de résultat, plus la qualité intrinsèque de cette croissance est élevée. Par conséquent, une forte croissance organique des ventes est habituellement la meilleure qualité de croissance qu'une entreprise peut générer. Pour que cette croissance soit durable, cependant, les ventes doivent être protégées des chocs, positifs et négatifs. Par exemple, une brusque augmentation des ventes peut mettre considérablement sous tension la chaîne d'approvisionnement de l'entreprise. Si les ventes progressent trop vite, l'entreprise peut ne pas être en mesure de soutenir le rythme de la demande, avec pour corollaire des clients frustrés et une image de marque ternie. Une forte baisse des ventes peut quant à elle entraîner des coupes dans les investissements ailleurs dans l'entreprise.

Une stratégie réfléchie de diversification du chiffre d'affaires peut diminuer le risque de tels dénouements malheureux. Elle permet à l'entreprise de résister aux chocs de demande en ne dépendant plus d'un seul groupe ou canal de ventes. Prenons un exemple simple. Supposons que deux sociétés de services de technologies de l'information, la société A et la société B, soient globalement comparables sur divers plans. La grande différence entre elles est que la société A est exposée dans les mêmes proportions dans trois régions (l'Amérique du Nord, l'Europe et l'Asie) tandis que la société B opère uniquement en Europe. Supposons maintenant que ces régions enregistrent les taux de croissance suivants : 5 % pour l'Amérique du Nord, 7 % pour l'Europe et 5 % pour l'Asie. Étant exposée uniquement à l'Europe, la société B aura un taux de croissance total de 7 %. La société A verra en revanche sa croissance totale freinée par les taux de croissance plus faibles de l'Amérique du Nord et de l'Asie, et son taux de croissance total pondéré sera de 5,7 %.

Sur la base de ces seuls faits, vous pourriez penser que l'investisseur *quality growth* choisira la société B. Or la concentration géographique est une arme à double tranchant. Si l'Europe subit une baisse de croissance de 7 %, au lieu d'une hausse de 7 %, la situation sera substantiellement différente. La société A connaîtra une croissance modeste de 1 %, tandis que la société B, touchée de plein fouet, verra ses ventes reculer de 7 %. Cet exemple simple, quoiqu'extrême, illustre l'effet régulateur de la diversification. Si l'entreprise ayant des sources diversifiées de revenus ne bénéficie pas au même degré de l'accélération de la croissance propre à chaque segment ou secteur, par contre elle est protégée de l'impact d'un ralentissement propre au segment ou secteur. Pour l'investisseur *quality growth* le choix est clair : mieux vaut renoncer à une partie de la croissance pour bénéficier d'une plus grande protection en cas de baisse.

L'exemple ci-dessus peut être étendu à l'éventail de la clientèle d'une entreprise. Diversifier la clientèle présente un avantage supplémentaire important, cependant. Quand l'entreprise gagne de nouveaux clients, chacun de ses clients existants devient une part plus petite de son chiffre d'affaires total. Cela permet à l'entreprise de renforcer son pouvoir de négociation face à ses fournisseurs, un avantage à ne pas négliger du point de vue de l'investisseur. Il suffit de considérer la dynamique de la relation entre Apple et ses partenaires fabricants pour voir à quel point il importe qu'une entreprise puisse conserver un fort pouvoir de négociation.

Vendre à une clientèle dispersée géographiquement augmente en outre le volume d'informations dont l'entreprise dispose sur ses clients. Bien que quantité ne soit pas synonyme de qualité, les statistiques nous enseignent que plus la taille des échantillons de population est grande plus les résultats sont significatifs. Les connaissances sur les clients recueillies auprès de 100 000 clients dans cinq pays ne sont pas aussi utiles que celles recueillies auprès de 100 000 clients dans cinquante pays. De nos jours, les entreprises ont divers outils et techniques sophistiqués pour les aider à exploiter ces informations, à des fins de marketing et de publicité notamment.

Estée Lauder, par exemple, dispose de données lui permettant de connaître le profil de la répartition ethnique entre les différentes villes. Ainsi, l'entreprise peut proposer ses produits de soins pour la peau et ses produits cosmétiques zone par zone, en fonction de ses informations sur les types de peau et habitudes de maquillage dans la microrégion concernée. Dans le cadre de sa collecte de données en ligne, l'entreprise espagnole d'habillement, Inditex, a accès aux mots que les utilisateurs de produits qu'elle ne fabrique pas entrent dans leur ordinateur lors de leurs recherches sur Internet. Elle peut ensuite utiliser ces informations pour guider l'équipe en charge de l'innovation produits dans l'élaboration de son budget de recherche et développement.

Un chiffre d'affaires plus sûr présente manifestement des avantages pour l'entreprise, qui prend alors ses décisions budgétaires selon des objectifs de croissance fiables, et pour l'investisseur, pour qui la moindre variabilité des ventes augmente la fiabilité de ses prévisions. Étant donné que l'investisseur *quality growth* veut se projeter au-delà de trois à cinq ans, horizon habituellement retenu par la plupart des banques d'investissement pour concocter leurs projets, cette amélioration de la prévisibilité l'aide beaucoup dans sa modélisation.

La diversification n'est pas entièrement dépourvue de risques. Pour développer sa clientèle, l'entreprise doit mettre en place les capacités opérationnelles nécessaires pour satisfaire de nouveaux clients. Cela a un coût. Créer de nouveaux lieux de vente intensifie la concurrence interne pour les ressources, ce qui augmente la probabilité de prendre de mauvaises décisions en matière d'allocation des capitaux. De surcroît, il existera toujours d'excellentes entreprises qui ne peuvent générer une croissance durable qu'en s'en tenant aux marchés géographiques ou au type de clientèle qui constituent leurs points forts. En moyenne, même si tout cela est vrai, la somme des avantages découlant d'un chiffre d'affaires diversifié en termes de clientèle et de marchés géographiques l'emporte sur la somme des risques, ce qui contribue à ce que les capitaux investis génèrent les rendements élevés et réguliers qui sont l'objectif ultime de l'investisseur *quality growth*.

7. De faibles besoins en capitaux et un rendement des capitaux investis élevé

Les règles d'or d'un investisseur *quality growth* peuvent se classer en deux grandes catégories : celles qui portent sur la croissance et celles qui visent à réduire le risque de perte en capital définitive. Le septième de nos critères entre dans ces deux catégories : l'entreprise rentable recherchée doit avoir de faibles besoins en capitaux et un rendement des capitaux investis élevé.

De faibles besoins en capitaux sont la marque d'une entreprise qui allie modeste consommation de capitaux et forte productivité. Cela exclut naturellement les entreprises qui ont besoin d'injections régulières de capitaux. Celles-ci se trouvent souvent dans la sphère industrielle, qui comprend les fabricants ayant des activités de transformation des matières premières ou des produits semi-finis. Ces entreprises sont, par nature, cycliques, ce qui rend leurs bénéfices futurs difficiles à prévoir, point nettement négatif lors de notre processus de sélection.

Une des raisons pour lesquelles nous portons tant d'intérêt aux entreprises rentables et consommant peu de capitaux est que normalement ces deux caractéristiques vont de pair avec un bilan solide. Pour obtenir un rendement élevé des capitaux, l'entreprise doit éviter les pertes et être en mesure de financer sa croissance sans recourir à l'endettement. Elle peut y parvenir en tirant des activités existantes suffisamment de cash-flow pour couvrir ses investissements ou, à défaut, en émettant des actions. Clairement, et pour des raisons évidentes, la première option est préférable pour l'actionnaire.

Rentabilité ne rime pas forcément avec génération de cash, c'est pourquoi la notion de besoins en capitaux revêt une si grande importance. Moins une entreprise a besoin de capitaux pour se financer, moins elle sera susceptible de solliciter un emprunt. Parallèlement, plus l'entreprise peut tirer un rendement élevé de ses capitaux, plus elle créera de la valeur pour ses actionnaires avec le temps. La valeur est créée lorsque le rendement des capitaux investis excède le coût de ces capitaux.

Les éléments de cette assertion simple pourraient être discutés longuement, mais le principe de base est limpide. Lorsqu'elle choisit de déployer ses capitaux, une entreprise a deux options : elle peut les réinvestir dans ses activités ou elle peut les investir d'une autre façon. Le management a pour mission de faire en sorte que le rendement des capitaux investis dans l'entreprise soit supérieur au rendement qu'il pourrait obtenir en investissant les capitaux ailleurs tout en prenant le même niveau de risque. Plus cet écart de rendement est élevé, plus de la valeur est créée.

Par conséquent, plus le rendement qu'une entreprise peut tirer des capitaux est élevé, plus il est facile pour son management de créer de la valeur. Plus le rendement des capitaux peut être maintenu longtemps à un niveau élevé, mieux c'est pour l'entreprise et ses investisseurs, car cela donne la possibilité de réaliser une croissance cumulative, le Saint Graal de l'investissement. La puissance de l'effet cumulatif de rendements élevés sur les capitaux peut être illustrée au moyen de l'exemple simple suivant. Supposons que la société A ait un taux de rendement des capitaux de 20 % et qu'elle choisisse de réinvestir 55 % de ses bénéfices dans ses activités et de distribuer les 45 % restant à ses actionnaires sous la forme de dividendes. (Il se trouve que l'entreprise *quality growth* moyenne affiche des chiffres de cet ordre de grandeur.) Après dix ans, cette société aura augmenté ses bénéfices de 186 %, soit 11 % en taux annuel composé.

Supposons que, *a contrario*, la société B ait un taux de rendement des capitaux plus modeste, de 11 %, et qu'elle distribue 79 % de ses bénéfices sous la forme de dividendes, ce qui lui en laisse 21 % à réinvestir dans ses activités. (En fait, ces chiffres correspondent à la société non financière moyenne du S&P 500.) Dans le même laps de temps, la société B aura augmenté ses bénéfices de 27 %, soit 2 % en taux annuel composé.

Autrement dit, si chacune des deux sociétés gagne 10 $ par action l'année considérée, la société B aura gagné 12,7 $ par action après dix ans tandis que la société A aura gagné 28,4 $, soit près de deux fois et demie de plus. Remarquons que nous n'avons parlé que de l'évolution des bénéfices de ces sociétés dans le temps. Nous n'avons émis aucune hypothèse sur la valeur que le marché attribuera à ces bénéfices. Dans la réalité, le marché attribuera probablement un multiple (ou PER) plus élevé à la société A qu'à la société B, et, si c'est le cas, le rendement de l'actionnaire de la société A pourrait bien être sensiblement supérieur à celui de l'actionnaire de la société B, bien qu'initialement ce dernier ait reçu un dividende plus élevé.

Le succès nourrit le succès

Le pouvoir des taux composés – ou pourquoi l'investisseur *quality growth* est attiré par les entreprises *quality growth* qui réinvestissent.

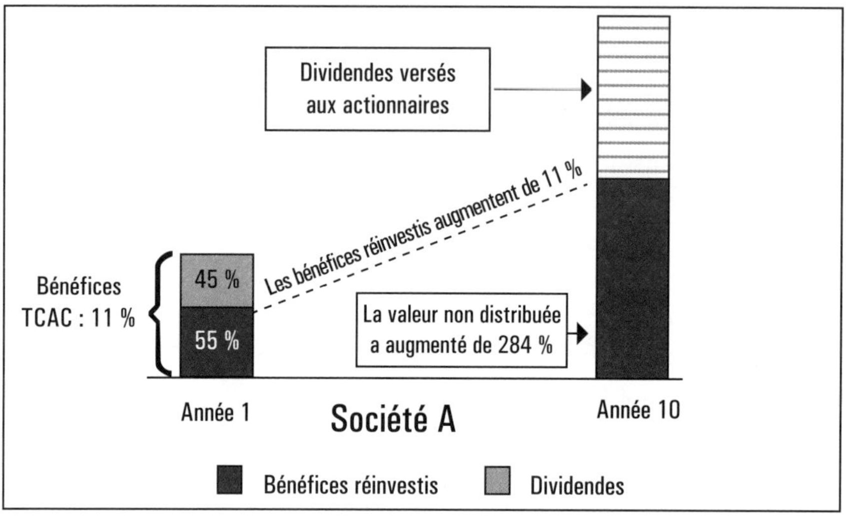

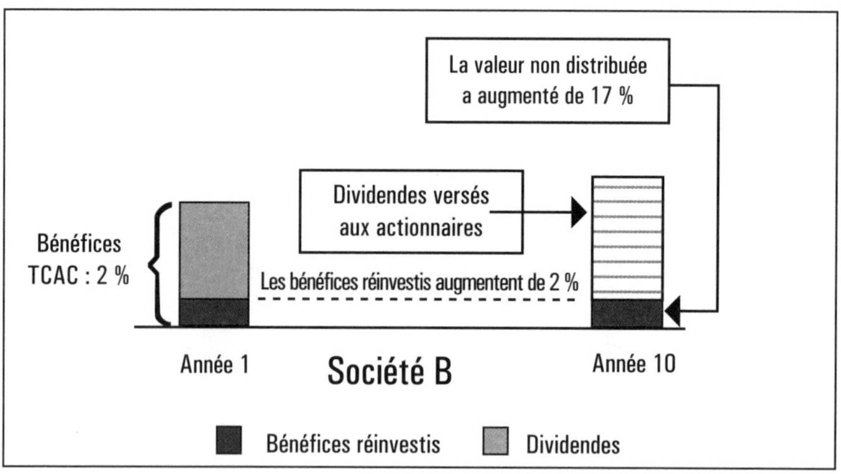

TCAC désigne le taux de croissance annuel composé.

Source : Seilern Investment Management

Par conséquent, le meilleur moyen pour l'investisseur de bénéficier du puissant effet cumulatif à l'œuvre au sein d'une vraie entreprise *quality growth* est que cette entreprise réinvestisse le plus possible, plutôt que de verser des dividendes, en supposant qu'elle puisse continuer à générer un taux de rendement élevé. Ce sont les marques distinctives d'une entreprise *quality growth* digne de ce nom. L'effet cumulatif du réinvestissement des capitaux fait des merveilles, à condition que l'investisseur ait la patience de le laisser se produire.

La difficulté réside dans la mise à exécution. Pour qu'une entreprise soit en mesure de réinvestir ses bénéfices à un taux de rendement régulièrement élevé sur une longue période et de bénéficier de la magie des taux composés, les conditions propices doivent être réunies. Cela nous ramène à certaines des autres règles d'or. L'entreprise qui jouit d'un modèle économique évolutif et diversifié, d'une position de leader dans un secteur connaissant une croissance structurelle et d'un avantage concurrentiel durable est précisément le type d'entreprise dont on s'attend à ce qu'elle puisse continuer à réinvestir les cash-flows provenant de son activité à des taux de rendement élevés similaires.

8. Une situation financière solide

L'entreprise qui a des dettes au bilan devra manifestement affecter une partie de ses revenus au remboursement de ces dettes et au paiement des intérêts, au lieu de redéployer ces revenus au service de ses activités. Si de nombreuses entreprises cycliques endettées qui doivent effectuer régulièrement des dépenses d'investissement pour construire de nouvelles usines sont saines, il n'en demeure pas moins qu'elles devront en fin de compte rembourser leurs dettes ou les renouveler. Cela pèsera sur leurs bénéfices et, avec le temps, se manifestera vraisemblablement par une moins bonne valorisation boursière.

L'endettement, même lorsque les taux d'intérêt sont faibles ou négatifs, ternit l'éclat de ce qui pourrait être une entreprise *quality growth* telle que nous la définissons. L'aversion aux entreprises qui ont recours à l'emprunt est une des caractéristiques de notre philosophie d'investissement et ce qui nous démarque des autres investisseurs qui emploient une stratégie par ailleurs similaire. En faire une règle d'or est fondamental pour notre approche de long terme et procède directement de notre répugnance à prendre des risques inutiles.

La théorie financière traditionnelle fait observer que payer les intérêts de la dette réduit le montant de l'impôt sur les sociétés dû par l'entreprise, car ces intérêts sont déductibles fiscalement. Elle considère en outre que le recours à l'emprunt peut améliorer les rendements dès lors que le taux de rendement procuré par le capital supplémentaire déployé est supérieur au coût de l'emprunt. Cependant, une dette n'est jamais sans coûts. Elle demeure une charge pour l'entreprise et constitue pour l'actionnaire une source de risques supplémentaires non négligeables pour la sécurité de son investissement.

En cas de hausse des taux d'intérêt ou de repli économique, les gains résultant de l'endettement peuvent très rapidement se muer en source de difficultés et en perte de valeur. L'effet démultiplicateur de la dette amplifie les gains quand la conjoncture est bonne, mais aussi les pertes quand elle se détériore. L'histoire de la finance regorge d'exemples d'entreprises qu'un endettement excessif a mis à bas, avec des effets souvent dévastateurs pour leurs actionnaires. L'investisseur *quality growth*, étant à la fois patient, prudent et très attentif au risque de perte en capital définitive, n'a nul désir et nul besoin d'accepter ce risque.

L'endettement est inutile et dangereux à notre avis pour trois grandes raisons. Premièrement, les entreprises qui ont accumulé des dettes importantes ne sont pas susceptibles d'avoir satisfait à nos autres critères d'investissement. Si l'endettement est né de pertes antérieures reportées d'un exercice sur l'autre, c'est clairement incompatible avec notre exigence selon laquelle l'entreprise doit avoir un historique des performances régulier en matière de rentabilité. S'il résulte du financement d'acquisitions d'envergure, cela dénote l'absence de croissance organique durable. S'il tient à de mauvaises décisions en matière d'allocation des capitaux, on peut s'interroger sur la qualité et les priorités du management. Si l'entreprise emprunte pour conserver un taux de distribution des dividendes qui empêche de réinvestir davantage dans ses activités, cela suggère qu'elle est à court de possibilités de croissance ou qu'elle oublie simplement où sont ses véritables intérêts.

Deuxièmement, comme indiqué précédemment, l'endettement est un facteur nouveau et potentiellement négatif qui s'ajoute aux paramètres que le marché prend déjà en considération pour établir la valeur de l'entreprise.

Une entreprise sans dette peut être sûre qu'avec le temps, si ce n'est à très court terme, le cours de ses actions sera déterminé par la croissance de ses bénéfices à long terme. Le cours des actions d'une entreprise significativement endettée, par contre, sera déterminé autant par le risque de faillite et par l'opinion de ses obligataires quant à sa capacité à assurer le service de sa dette. Le lien direct entre les bénéfices et le cours des actions sera rompu, le cours des actions sera inévitablement plus volatil et le risque de perte en capital définitive sera plus élevé.

Troisièmement, l'existence d'une dette au bilan peut limiter la capacité d'une entreprise à répondre avec souplesse à l'évolution de l'environnement des affaires. Un changement de circonstances peut nécessiter plus d'investissement ou de fonds de roulement pour conserver une position concurrentielle. Par exemple, Estée Lauder doit gérer divers canaux de distribution en même temps, notamment les grands magasins, les boutiques spécialisées, ses propres boutiques et le commerce électronique. L'entreprise doit être solide et flexible financièrement pour pouvoir réagir de façon appropriée, ce qui lui serait peut-être plus difficile ou coûteux si elle était déjà lourdement endettée.

Le cas de Glencore constitue un bon exemple d'une entreprise dont les hauts et les bas s'expliquent par son surendettement. L'entreprise est un leader mondial de l'exploitation minière et du négoce de matières premières, mais son modèle économique a toujours reposé sur un fort endettement. Aux premiers signes d'une possible remontée des taux d'intérêt en 2015, qui ont coïncidé avec un effondrement du cours des matières premières, le cours de ses actions a été précipité à la baisse. Les actions sont rapidement tombées à 75 % en dessous du cours d'introduction en Bourse de Glencore en 2011. Pour contrer l'effet de l'endettement excessif de l'entreprise, son management a été obligé de brader des actifs clés, de suspendre le paiement des dividendes et de procéder à une augmentation de capital par émission de droits de souscription pour renflouer les comptes. Ces mesures ont évité aux actionnaires de perdre tout leur argent, mais entre-temps ils avaient déjà essuyé de lourdes pertes et ils ont subi une dilution de leurs actions suite à l'émission de droits de souscription.

Plus une entreprise est endettée, plus le risque pris par l'actionnaire est élevé, car il est remboursé après les obligataires et autres prêteurs en cas de difficultés financières. L'endettement peut avoir divers effets négatifs. Il diminue la valeur actuelle des bénéfices futurs de l'entreprise et réduit les possibilités de réaliser une plus-value en capital lorsque les taux d'intérêt augmentent. Comme cette augmentation aggrave le risque de défaillance de l'entreprise, cette dernière voit le coût de son capital augmenter aussi. Dans les cas extrêmes, comme celui de Glencore, l'entreprise peut être forcée d'en appeler à ses actionnaires pour obtenir des capitaux frais par émission de droits de souscription. Pour les actionnaires existants, une émission de droits de souscription a souvent un effet dilutif – et, même dans le cas contraire, exige de l'investisseur qui y souscrit d'y consacrer des capitaux qui pourraient être mieux déployés ailleurs.

Dernièrement, Glencore a vu sa situation s'améliorer grâce à l'envolée du prix des matières premières qui constituent son cœur de métier. Toutefois, cela démontre une fois de plus le caractère cyclique du flux des revenus de cette société.

Un autre effet plus insidieux d'un endettement excessif est qu'une détérioration des conditions du crédit aura tendance à réduire le PER auquel les actions se négocient en Bourse. En effet, le marché ajuste le cours des actions en fonction de l'évolution du risque de défaillance. En suivant le cours auquel les contrats d'échange sur risque de défaillance (*credit default swaps*) se négocient, par exemple, l'investisseur peut en inférer une estimation implicite de l'espérance de vie de l'entreprise, telle qu'évaluée par le marché. Au cours de la période précédant la crise provoquée par Lehman Brothers en 2008, l'espérance de vie implicite de General Electric, une des valeurs les plus vénérables du marché d'actions américain et une entreprise plus que centenaire, était tombée à seulement quatre ans. Bien sûr, 2008 a été une période de tensions extrêmes à la Bourse, mais le fait qu'un géant comme General Electric puisse ainsi frôler la faillite montre que tout peut arriver lorsque la dette grève trop le bilan.

Il serait manifestement exagéré de s'attendre à ce qu'une entreprise n'ait aucune sorte de dettes. La démarche de l'investisseur *quality growth* ne consiste pas à simplement chercher des entreprises dénuées de dette. Presque toutes les entreprises ont besoin d'une forme ou l'autre de fonds de roulement, par exemple. Ce qu'il importe d'analyser, c'est l'endettement effectif de l'entreprise recherchée en regard de sa capacité à générer des bénéfices et du cash-flow. L'investisseur *quality growth* doit veiller à étudier tous les engagements conditionnels ou potentiels, comme les obligations associées à un bail immobilier, et pas seulement les chiffres globaux. La dette brute doit être diminuée du solde de trésorerie pour obtenir la dette nette. Cette dernière peut alors être comparée avec les flux de trésorerie disponible de l'entreprise, c'est-à-dire avec ce qu'il reste des bénéfices d'exploitation une fois déduits les intérêts débiteurs, la charge fiscale et, le cas échéant, les dotations à l'amortissement de la survaleur ou à la dépréciation des actifs corporels.

Une méthode courante consiste à mesurer combien d'années il faudrait à l'entreprise pour rembourser entièrement sa dette nette au moyen de ses flux de trésorerie disponible. Dans l'idéal, ce serait zéro, voire un chiffre négatif. Si c'est le cas, cela signifie que le risque que le cours des actions diminue quand les taux d'intérêt augmentent est minime. La durée de l'endettement est également un paramètre important, en vertu du principe selon lequel un endettement de plus longue durée pèsera moins sur les affaires courantes de l'entreprise.

Cependant, il faut reconnaître qu'évaluer la solidité du bilan d'une entreprise présente de nombreuses difficultés. Par exemple, l'entreprise ayant des bénéfices volatils et de faibles marges peut donner l'impression parfois d'avoir un bon ratio dettes sur revenus, mais c'est trompeur car la situation peut changer en un clin d'œil pour devenir rapidement mauvaise. Le secteur du transport aérien abonde en exemples de ce type. Pour l'investisseur en quête d'entreprises *quality growth* dignes de ce nom, une entreprise à la situation financière solide est une entreprise dont le bilan reste solide en toutes circonstances. Le principe directeur qui sous-tend nos règles d'or est facile à comprendre : l'investisseur cherche des entreprises qui ne sont guère ou aucunement endettées.

9. Des comptes transparents

Feu Nils Taube, gérant de fonds estonien sympathique et hautement compétent, donnait aux investisseurs un conseil simple : n'investissez jamais dans les pays où les gens ne portent pas de manteau en hiver ! La raison est que les grandes places boursières des pays froids imposent généralement aux entreprises cotées des obligations strictes en matière de vérification des comptes, ce qui n'est pas toujours le cas ailleurs[11]. En tant qu'inves-

11. Il peut être tentant de vouloir trouver une explication à cette corrélation. Il se trouve que c'est un fait empiriquement observable.

tisseurs prudents éprouvant de l'aversion pour le risque, une comptabilité transparente et responsable est un préalable indispensable pour que nous effectuions un investissement. Par conséquent, son existence est la neuvième de nos règles d'or et l'une des plus importantes.

Il est essentiel pour l'investisseur *quality growth* de comprendre les flux économiques de l'entreprise, car les comptes de celle-ci jouent un rôle crucial dans la détermination de sa valeur et dans l'évaluation des risques d'investissement associés. Les entreprises *quality growth* auront des comptes faciles à comprendre et comportant peu de texte écrit en petits caractères. L'investisseur *quality growth* cherche des entreprises dont les bénéfices peuvent être directement convertis en cash et dont les résultats « retraités » diffèrent peu des résultats déclarés. Lorsque les comptes contiennent beaucoup d'éléments extraordinaires, la sonnette d'alarme doit retentir car il est alors plus difficile de connaître la véritable performance de l'entreprise. Lire les notes attachées aux comptes est important également. Dans un monde idéal, le management et les actionnaires échangeraient des informations qui donnent le moins possible lieu à conflit d'intérêts. Malheureusement, nombre d'entreprises se cachent derrière diverses pratiques comptables visant à enjoliver leur performance.

Les banques commerciales sont peut-être l'exemple le plus criant d'un manque de transparence des comptes. La majorité des actifs inscrits au bilan d'une banque sont les prêts qu'elle a accordés, mais l'encours des prêts ne dit rien de la fiabilité des emprunteurs ni de la qualité des garanties. Il est inévitable qu'une partie de ces prêts seront classés à un moment ou l'autre dans la catégorie des prêts non performants, c'est-à-dire que l'emprunteur ne sera pas en mesure de rembourser le capital emprunté ou de payer les intérêts. Le nombre des prêts non performants s'accroît en période de récession, mais il est notoirement difficile de faire des prévisions en la matière. Les managers de ces banques sont incités à étoffer le bilan mais ont souvent une attitude cavalière, prêtant de l'argent à des emprunteurs douteux. Quand les difficultés surgissent, il est fort possible qu'ils aient déjà quitté la banque pour une autre.

Les compagnies d'assurances confrontent l'investisseur à une autre problématique, car leurs actifs et passifs sont de nature complexe. Les valorisations sont établies principalement au moyen de modèles actuariels. Les actuaires fondent leurs modèles de risque sur des informations et données statistiques difficilement accessibles ou compréhensibles par les investisseurs extérieurs. En ce sens, les compagnies d'assurances manquent de transparence dans leur reddition de comptes et c'est pourquoi elles ne figurent pour ainsi dire jamais sur la liste de nos investissements *quality growth*.

Les comptes des entreprises extractives, comme les compagnies pétrolières, gazières et minières, sont tout aussi difficiles à analyser et comprendre. Leurs véritables coûts d'exploitation sont complexes et à tiroirs. Si l'évolution technologique permet aux compagnies pétrolières intégrées de prévoir avec plus de précision les coûts d'extraction et de développement d'un nouveau champ, on est encore bien loin du type de transparence et prévisibilité des bénéfices que l'investisseur *quality growth* attend. Même dans le groupe des entreprises *quality growth*, certains postes des comptes requièrent un examen particulier. Il faut analyser, entre autres, les éléments hors bilan, le traitement de la survaleur et si les frais de recherche et développement ont été portés en charges ou en immobilisations. Ces postes sont généralement les plus faciles à manipuler et, par conséquent, nécessitent un examen approfondi.

10. Un management et une gouvernance d'entreprise exceptionnels

Comme on l'a vu au chapitre 2 dans la partie consacrée aux facteurs ESG, la gouvernance est un aspect important.

Une entreprise ne vaut que par ce que vaut son top management. L'investisseur *quality growth* entend que les intérêts du management et ceux de l'actionnaire coïncident. Cela implique qu'en général les membres du management seront aussi des actionnaires de l'entreprise. Notre dernière règle d'or signifie que nous investirons uniquement dans les entreprises aux fondamentaux économiques convaincants et pour lesquelles nous pouvons en outre être sûrs que le management est déterminé à agir au mieux des intérêts des actionnaires. Pour ce faire, tous les membres du management doivent être intègres et expérimentés, et toute l'entreprise, du conseil d'administration au dernier échelon, doit être imprégnée de bonnes pratiques de gouvernance.

Le célèbre banquier allemand Carl Fürstenberg déclarait il y a plus d'un siècle que « les actionnaires sont stupides et présomptueux ; stupides parce qu'ils achètent des actions et présomptueux parce qu'ils demandent des dividendes ». C'est triste à dire, mais certaines entreprises continuent d'adhérer à ces principes dépassés. L'investisseur *quality growth* évitera les entreprises qui, aussi bonnes soient leurs performances, se font l'écho de cette attitude, tolérant à peine les actionnaires et les respectant rarement.

Les entreprises à l'écoute de leurs actionnaires et faisant preuve d'ouverture se trouvent en majorité dans les pays anglo-saxons. La population y est généralement plus familière des marchés financiers. Ainsi, pour recourir régulièrement depuis maintes années aux services des fameux « *black cabs* » londoniens, je peux vous assurer que les chauffeurs de taxi ne demandent qu'à donner leur avis sur la Bourse. Cet intérêt pour les marchés financiers se retrouve aux États-Unis, où presque tous les journaux de télévision donnent le pouls de la Bourse. En Chine, un des derniers bastions du communisme, le nombre des investisseurs actifs en Bourse a fortement progressé, parfois au désespoir de beaucoup de nouveaux venus qui voient leur épargne anéantie par d'imprudentes spéculations. Certes, ce nombre demeure faible par comparaison avec l'Occident et de nombreux intervenants sur le marché ne sont que des parieurs glorifiés, mais le capitalisme s'enracine car « la Chine s'éveille et le monde tremble » (pour paraphraser Napoléon).

La situation est différente en Europe continentale. Bien que la banque d'affaires ait été inventée en Lombardie, dans ce qui est actuellement le nord de l'Italie, le culte de la prise de participations dans des entreprises n'a jamais été aussi développé sur le continent européen qu'en Grande-Bretagne. Les économies exsangues au sortir de la Seconde Guerre mondiale ont été reconstruites en sollicitant le système bancaire plutôt que les marchés financiers. Cela a été tout particulièrement le cas de l'Allemagne. Les profanes considèrent généralement la Bourse avec suspicion, comme si c'était un casino, alors que ces mêmes personnes achètent allègrement chaque semaine des billets de loterie (et perdent à jamais tout aussi allègrement le capital qu'ils y ont investi).

En conséquence, une partie du travail de base de l'investisseur consiste à évaluer la mesure dans laquelle les marchés modernes des capitaux sont considérés avec bienveillance et développés dans les différents pays. Plus la culture du placement en actions est ancrée profondément, plus le management sera susceptible de bien traiter l'actionnaire. La capitalisation boursière de l'ensemble des entreprises cotées dans un pays exprimée en pourcentage du produit national brut de ce pays fournit une mesure à cet égard. Ce n'est pas pour rien qu'elle est généralement beaucoup plus forte aux États-Unis qu'en Chine. Si introduire sa société en Bourse est souvent considéré comme l'objectif ultime par l'entrepreneur qui a monté sa propre affaire, en Europe continentale les motifs sont moins évidents. Il y a une part de symbolique au sens où l'introduction en Bourse est associée à un certain statut.

Faire preuve d'ouverture et être à l'écoute des actionnaires et des parties prenantes est un état d'esprit qui compte parmi les caractéristiques importantes que nous cherchons chez une entreprise *quality growth*, où qu'elle se trouve. Nous cherchons aussi des managements qui ont une vision prospective, un plan de croissance clair et une perspective de long terme. Dans l'idéal, le management aura élaboré des plans pour augmenter les volumes et les bénéfices sur les cinq prochaines années au moins. C'est l'horizon temporel minimal pour l'investisseur souhaitant attribuer une valeur actuelle aux bénéfices futurs de l'entreprise. Comparer cette valeur actuelle avec le cours des actions constaté au moment de l'actualisation constitue pour l'investisseur potentiel la première étape pour déterminer la valeur des actions.

Les investisseurs fructueux débattent souvent des mérites respectifs des facteurs quantitatifs et qualitatifs pour fonder la décision d'investir ou non dans une entreprise. Il n'existe pas de formule magique. Certains investisseurs se soucient peu de s'entretenir avec le management, préférant examiner minutieusement les comptes. Je n'en fais pas partie. D'après mon expérience, il est utile d'avoir un dialogue suivi avec les hauts dirigeants, et en particulier avec le directeur financier. Les rencontres avec le senior management devraient être encouragées.

Cela dit, comme de nos jours les hauts dirigeants sont souvent soigneusement formés à ce qu'il convient de dire et de ne pas dire, un entretien en face-à-face n'est pas toujours aussi productif ou informatif qu'il le pourrait. Bien des entreprises ont un service de relations avec les investisseurs, dont le personnel se consacre entièrement à assurer la liaison avec les investisseurs. Ce que l'investisseur *quality growth* attend du management, c'est qu'il soit prêt à admettre ses fautes et ses erreurs et à maintenir le dialogue dans les bons comme dans les mauvais jours. La confiance mutuelle entre l'entreprise et l'investisseur se renforcera avec le temps s'il est répondu à cette attente et si la communication est toujours empreinte de franchise et d'honnêteté. Il incombe à l'investisseur d'acquérir une bonne connaissance de l'entreprise afin de pouvoir engager un dialogue éclairé et à haut niveau.

Je suis tout à fait convaincu qu'un *chief executive officer* (CEO) exceptionnel se reconnaît notamment à son tempérament. Il est important qu'il soit disposé à saluer les mérites de ses collaborateurs quand cela va bien et à assumer ses responsabilités quand cela va mal. Cette mentalité attrayante exige du doigté. L'investisseur *quality growth* veillera à éviter les CEO imbus de leur personne et autosatisfaits. Le rapport annuel de l'entreprise peut fort bien donner des indications sur la personnalité du CEO. Si le rapport annuel est sur papier glacé, emplis de portraits photographiques du top management et coûteux à produire, cela peut être un signe avertissant que les priorités du CEO ne sont pas les bonnes.

Le CEO idéal sera aussi déterminé que l'investisseur à atteindre l'objectif partagé d'une croissance durable des bénéfices futurs. Même lorsqu'une entreprise réunit nombre des qualités requises, c'est en fin de compte la culture de l'entreprise et les pratiques de gouvernance de l'entreprise qui lui permettront de prospérer dans le temps. On ne compte plus le nombre de bonnes entreprises qui ont détruit leur capital en raison des mauvaises décisions prises par leur management. D'où la nécessité pour une entreprise d'avoir un excellent management et une excellente gouvernance.

Évaluer le management est aussi une tâche subjective. Il ne s'agit pas seulement d'apprécier quantitativement la rémunération, la structure du management, les contrôles internes et les processus décisionnels : les qualités personnelles importent tout autant. L'entreprise idéale est celle dont les qualités intrinsèques sont si grandes qu'elle peut être gérée par quiconque est suffisamment qualifié. Comme l'a dit un jour Warren Buffett sur le ton de la plaisanterie : « Je m'emploie à acheter des actions d'entreprises qui sont si merveilleuses qu'un idiot peut les diriger, car c'est tôt ou tard ce qui arrivera ». C'est important pour deux raisons. Tout d'abord, cela limite le risque de dépendance de l'entreprise à un homme clé et, deuxièmement, cela réduit le risque d'exécution et les possibilités de mauvaise allocation du capital.

Des processus décisionnels et une structure du management appropriés sont par nature importants pour le bon fonctionnement d'une entreprise et doivent être étudiés au cas par cas. Par exemple, les entreprises qui fournissent de multiples marchés finaux devraient avoir un processus décisionnel plus fragmenté, caractérisé par une prise de décisions opérationnelles au plus près du terrain et un senior management se consacrant principalement à l'allocation du capital et à la gestion du portefeuille d'activités.

En revanche, les modèles économiques concentrés exigeront d'ordinaire un processus décisionnel plus centralisé. La structure devrait en outre permettre au conseil d'administration d'exercer une surveillance adéquate, de manière à ce que le management ne s'écarte pas des objectifs premiers ni de la stratégie directrice de l'entreprise. Cela délimite le champ d'action du management ; les dispositifs de rémunération détermineront comment le management se comportera dans le cadre de ces limites et comment le capital sera alloué, puisque la rémunération biaise inévitablement les décisions humaines.

Les dispositifs de rémunération devraient inciter à la prise de décisions qui favorisent la création de valeur, mais cela ne sera le cas que si les bons indicateurs sont utilisés. En ce sens, l'investisseur *quality growth* recherche des entreprises qui rémunèrent leur management en fonction d'indicateurs axés sur la génération d'une croissance organique durable à long terme et d'un rendement des capitaux investis élevé ainsi que sur le respect des autres règles d'or. Lorsque la politique de rémunération est bien conçue, les capitaux sont d'ordinaire alloués correctement, les recettes d'exploitation venant alors nourrir la croissance organique future et non financer des acquisitions. Il est préférable que ces flux de recettes soient incorporés au capital pour l'augmenter progressivement grâce à la magie des rendements composés, plutôt que de les distribuer aux actionnaires. Toutefois, s'ils ne peuvent être réinvestis au rythme auquel ils sont créés, il est préférable pour l'entreprise de reverser l'excédent de trésorerie aux actionnaires sous la forme de dividendes.

Pour les investisseurs qui, comme nous, s'inscrivent vraiment dans le long terme, le management des entreprises contrôlées par des familles est souvent attrayant. Ces entreprises constituent généralement une excellente solution pour l'investisseur de long terme. Étant donné la nature de leur actionnariat, il est plus facile pour elles de prendre des décisions qui sont douloureuses à court terme, mais qui portent leurs fruits à long terme. Investir sur le long terme représente souvent une contrainte que les entreprises ne sont pas disposées à accepter car elles doivent se soumettre aux impératifs du cycle de reddition de comptes à court terme. Les entreprises contrôlées par des familles sont moins influencées par ces exigences à court terme du marché et accordent davantage d'importance à la pérennisation de leur croissance future. Dans un monde où le court terme est le maître mot, une telle correspondance de vues entre le management et les actionnaires de long terme, ainsi que les parties prenantes de l'entreprise, se trouve difficilement.

Conclusion

Les dix règles d'or de l'investissement *quality growth* n'ont pas changé au cours des décennies et ne seront pas altérées par les événements, qu'ils soient politiques ou économiques. Elles reposent sur le bon sens, transcendant les pays, régions, nationalités et langues. En accordant une large place au facteur *humain*, elles permettent aux investisseurs de s'attacher davantage aux forces qui sous-tendent la dynamique des entreprises qu'à la valorisation boursière de ces dernières. Les investisseurs doivent impérativement se plier à cette discipline s'ils veulent se donner les moyens non seulement d'éviter des pertes en capital définitives mais en plus d'accroître leurs rendements et de réduire les risques.

Chapitre 4
Construire un portefeuille

Le grand avantage de notre processus fondé sur les dix règles d'or est qu'il produit un nombre gérable d'entreprises qui peuvent ensuite faire l'objet d'une analyse beaucoup plus poussée. Cela permet à l'investisseur *quality growth* de se concentrer sur les aspects importants des choix de portefeuille, notamment d'établir la valeur de chacune des différentes entreprises, de décider du poids qu'il convient d'accorder à chacune d'elles dans le portefeuille et de vérifier si elles continuent à satisfaire à nos critères de sélection. En outre, mener des recherches sur un univers de soixante entreprises, dont vingt à trente seront ensuite mises en portefeuille, est nettement plus commode comparé aux difficultés qui attendent le gérant de fonds moyen actif, dont l'univers peut compter des milliers d'entreprises et qui doit vérifier constamment dans quelle mesure les titres qu'il a choisis s'écartent de l'indice boursier à l'aune duquel sa performance est mesurée.

Ce gérant peut ne pas vouloir détenir d'actions de grandes compagnies pétrolières, comme BP ou Shell, par exemple. Pourtant, il mettra ces valeurs en portefeuille et devra y consacrer du temps, car il sait que sa performance sera jugée et sa rémunération déterminée par la contribution que les valeurs, y compris celles qu'il n'aime pas, apportent au rendement de l'indice. À l'opposé, l'investisseur *quality growth*, qui ne détient que des entreprises répondant à ses critères d'éligibilité et qui n'a cure de l'évolution de l'indice boursier, consacre tout son temps à mener des recherches sur les entreprises qu'il souhaite vraiment détenir. De ce fait, il utilise son temps de façon plus productive. Dans ce chapitre, j'explique les principaux aspects de la construction d'un portefeuille d'entreprises *quality growth*.

En faisant preuve ainsi de sélectivité dans ses investissements, l'investisseur se verra reprocher de ne pas diversifier son portefeuille convenablement. Comme les sections suivantes le montrent clairement, appliquer les dix règles d'or conduit en effet inévitablement à exclure du portefeuille de larges pans de la Bourse. Des secteurs entiers sont recalés. Autrement dit, le portefeuille de l'investisseur *quality growth* sera par choix un portefeuille concentré de seulement vingt à trente actions aux caractéristiques similaires, provenant d'un petit nombre de secteurs boursiers. Pour autant, ce portefeuille peut donner d'excellents résultats comme nous allons le voir.

Rotation et construction du portefeuille

Étant donné la nature même de sa démarche d'investissement et sa préférence pour les entreprises *quality growth*, l'investisseur *quality growth* doit veiller à ne pas se laisser contaminer par les émotions et rumeurs qui envahissent périodiquement les marchés financiers. Sa stratégie consistera à se forger sa propre opinion sur chacun de ses investissements, à les évaluer dans une perspective de long terme en fonction de leurs mérites propres et à les détenir dans le cadre de l'horizon temporel illimité qu'un véritable investisseur *quality growth* se donne.

L'investisseur *quality growth* bénéficie d'emblée d'un gros avantage : la performance potentielle de l'univers à partir duquel il construit son portefeuille. Si les dix règles d'or ont bien été appliquées, il puisera dans un réservoir productif composé des entreprises de la meilleure qualité. Comme le graphique ci-dessous le montre, l'univers que nous avons défini comme regroupant les entreprises *quality growth* qui répondent à tous nos critères, et dont nous assurons le suivi, affiche une progression hors pair. Ces valeurs ne continueront pas toutes à progresser ainsi, et déterminer lesquelles sont les plus susceptibles de soutenir ce rythme de croissance dans le futur est une des tâches inhérentes à la création d'un portefeuille.

La puissance d'un univers *quality growth*

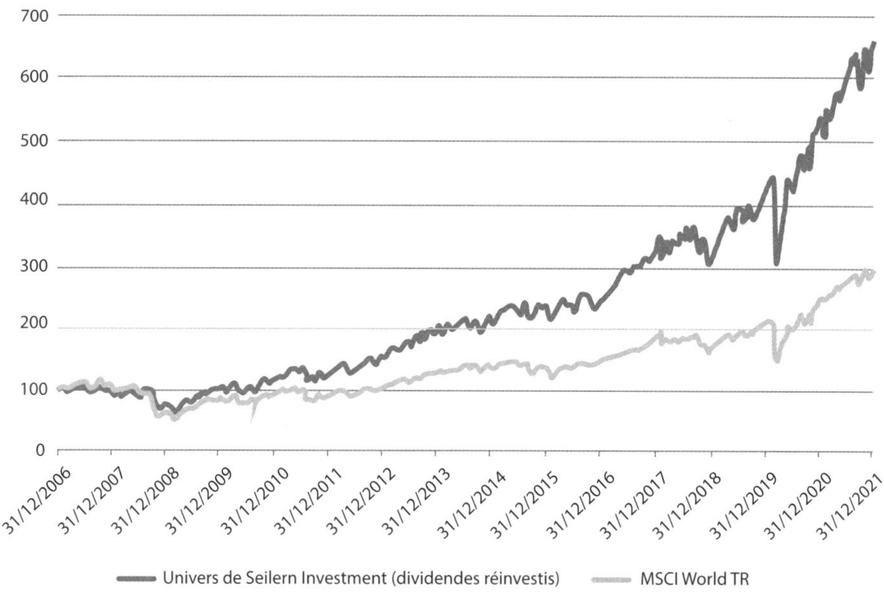

Source : Bloomberg, Seilern Investment Management

Cependant, comment concilier la réalité d'un portefeuille concentré de vingt à trente actions avec l'idée selon laquelle la diversification – par type d'entreprises, par pays, etc. – est la clé pour gérer les risques ? Comme très souvent, c'est Warren Buffett qui cerne le mieux la situation. Investisseur à la carrière longue et spectaculaire, il a également exclu de ses placements de vastes segments de la Bourse. Pour lui, tout l'intérêt de la diversification réside dans le fait qu'elle protège l'investisseur de son ignorance. Moins un investisseur a de connaissances, plus il devrait se diversifier. Un fonds indiciel, étant par définition aussi largement diversifié que la partie de la Bourse qu'il représente, est la solution idéale pour l'investisseur néophyte ignorant.

La raison d'être de l'investisseur *quality growth*, par contre, est précisément d'en savoir le plus possible sur les entreprises dans lesquelles il investit. En excluant toutes les entreprises incapables de générer des rendements du capital élevés, une croissance de qualité et une rentabilité durable sur de nombreuses années, il réduit assurément les risques inhérents au portefeuille beaucoup plus qu'en se focalisant sur la « diversification ». Trouver les meilleures entreprises *quality growth* est une tâche dont l'investisseur peut bien entendu s'acquitter plus ou moins bien, et il doit s'attendre à être jugé en conséquence. Il doit collecter des informations et les analyser pour pouvoir évaluer les risques, décider si la réaction du marché à l'annonce faite par une entreprise est justifiée ou non, déterminer si une variation du cours constitue ou non une opportunité d'achat ou de vente et si une entreprise arrive à bout de souffle. Mais le portefeuille lui-même, s'il est documenté et suivi avec rigueur, sera par nature un portefeuille peu risqué, pour lequel la diversification n'est pas le facteur le plus important.

La logique de cette approche veut en outre que la rotation du portefeuille soit probablement faible selon les normes de la profession. La rotation principale d'un portefeuille mesure le montant des opérations, d'achat et de vente, réalisées sur une période donnée (une année par exemple). Ces opérations correspondent à des achats ou ventes d'actions motivées par les fondamentaux et non par des raisons techniques. Pour les investisseurs *quality growth* les plus rigoureux, qui ont acquis grâce à leurs recherches une connaissance intime des entreprises dans lesquelles ils investissent, le taux de rotation principale du portefeuille n'excédera sans doute pas 8 % environ par an. Cela signifie que la durée de détention moyenne de chaque investissement avoisine dix à douze ans.

Cette approche permet à l'investisseur de profiter le plus possible de l'effet magique de la croissance cumulative sur le long terme. Il importe cependant de ne pas confondre la rotation principale d'un portefeuille avec les opérations d'achat et de vente motivées purement par l'impact des souscriptions ou rachats de parts d'un fonds. Quand cette collecte (provenant des souscriptions) ou décollecte (résultant des rachats) d'argent représente des sommes importantes, le gérant du fonds peut devoir procéder à des ventes ou achats supplémentaires pour répondre à l'évolution de la demande des investisseurs. Dans ces cas, le taux de rotation du portefeuille que les autorités de régulation demandent aux fonds de communiquer peut donner une indication trompeuse de la durée de détention implicite de l'investisseur. Les bonnes années, quand les fonds connaissent une forte demande de la part de nouveaux investisseurs, selon notre expérience, le taux de rotation globale communiqué conformément aux exigences des autorités de régulation peut augmenter de 25 % ou plus, ce qui implique une durée de détention de seulement quatre ans. Cela sous-estime considérablement la réalité de notre engagement à long terme concernant les entreprises dans lesquelles nous avons investi.

Selon l'opinion courante, diversifier les valeurs répartit les risques du portefeuille et détenir une multitude de petites positions en portefeuille évite qu'une valeur fasse subir à elle seule une lourde perte à l'investisseur. Ces affirmations procèdent d'une certaine logique, mais aussi d'une analyse superficielle. Ne vaudrait-il pas mieux être sûr, après un examen approfondi, que les entreprises détenues non seulement ne feront pas faillite, mais en plus survivront, prospéreront et se développeront pendant une période indéterminée ? Que l'effet magique de la croissance cumulative des bénéfices s'opérant dans le cadre d'un bilan à toute épreuve produira des rendements supérieurs pour un moindre risque ? Et, une fois cela établi, ne serait-il pas ainsi plus rentable de détenir quelques grandes positions plutôt que de nombreuses petites ? Après tout, un être humain ne peut acquérir une connaissance intime que de tout au plus quelques secteurs ou entreprises.

Fort de ce raisonnement plus sensé, l'investisseur *quality growth* sera naturellement enclin à créer ce qui, selon les normes de la profession, est un portefeuille relativement concentré. L'investisseur qui est gérant de fonds professionnel devra respecter la réglementation et les règles internes qui régissent le dosage entre concentration et diversification des risques. Par exemple, concernant les fonds dits UCITS au sens de la réglementation de l'Union européenne, aucune des positions d'un tel fonds ne peut représenter plus de 10 % de l'actif du fonds et la somme des positions supérieures à 5 % ne peut excéder 40 % du total de l'actif du fonds.

Lorsqu'il décide du nombre des valeurs à détenir et du pourcentage de pondération à leur attribuer au sein du portefeuille, le gérant de fonds devra évidemment avoir aussi une connaissance fine des risques inhérents à chaque valeur et s'assurer de bien les gérer et bien les doser. Un portefeuille de vingt à trente actions, quoique modeste comparé au fonds moyen géré activement, est plus que suffisant pour procurer un degré de diversification approprié. Les risques doivent être gérés au niveau du portefeuille. Une valeur paraissant très attrayante lorsqu'elle est considérée de manière isolée peut ne pas constituer un investissement intéressant quand elle est replacée dans le contexte de l'ensemble du portefeuille. En gérant les risques au niveau du portefeuille, l'investisseur peut éviter le risque de perte massive en s'abstenant de détenir un trop grand nombre de valeurs portées par la même dynamique économique ou commerciale, tout en assurant une diversification géographique suffisante. Rappelons, dans ce contexte, que les entreprises *quality growth* sélectionnées ont peut-être déjà – comme préconisé par les règles d'or – une grande diversité de clients et de marchés géographiques.

Rien n'indique que la concentration d'un portefeuille nuise à sa performance. Dans un document de recherche, Antti Petajisto de l'université de Yale a étudié la performance de portefeuilles concentrés, en utilisant des données couvrant la période allant de 1990 à 2009. Bien que datant d'il y a quelques années, la conclusion de l'étude reste valable de nos jours. Le portefeuille super-concentré a réalisé un gain net de 1,26 % par an, contre une perte de 0,41 % par an pour le portefeuille répliquant l'indice. Si l'étude ne montre pas la qualité des portefeuilles concentrés sous-jacents, elle étaye néanmoins l'idée selon laquelle l'investisseur *quality growth* ne devrait pas s'étonner d'obtenir des rendements supérieurs avec un portefeuille concentré.

Limiter le portefeuille à un nombre restreint et gérable de positions relativement larges exige d'avoir des connaissances, la liberté de penser en toute indépendance et le courage de ses convictions. Pour paraphraser un vieux dicton bien connu dans le secteur des technologies de l'information, aucun gérant de fonds n'a jamais été viré pour avoir acheté des actions IBM. C'est vrai dans une large mesure, mais transiger sur des principes au profit de la sécurité de l'emploi n'est pas propice à la préservation et à la fructification du patrimoine. Acquérir les connaissances requises exige de la patience, de la persévérance et du temps. Il faut en outre avoir l'esprit de curiosité nécessaire pour se dépasser. Les meilleures possibilités d'acheter d'excellentes entreprises à des prix attrayants s'offrent par définition quand les marchés ont brusquement chuté et que le pessimisme règne en maître. Pour profiter de ces moments, il faut avoir le courage d'aller à contre-courant et pouvoir disposer des sommes nécessaires à la réalisation de ces nouveaux investissements.

Les secteurs recalés

Comme expliqué plus haut, la Bourse compte de nombreux secteurs dans lesquels l'investisseur *quality growth* n'investira jamais car ils violent au moins une des règles d'or – et presque toutes pour certains d'entre eux. Il s'agit notamment des secteurs des sociétés de services d'intérêt public, des banques, des sociétés de télécommunications, des producteurs de matières premières, des compagnies aériennes, des constructeurs automobiles et des entreprises industrielles. En fait, la liste des entreprises à éviter est invariablement plus longue que celle des entreprises dont la mise en portefeuille est envisageable.

Aucun des secteurs à écarter n'affiche la qualité et la croissance requises. Les sociétés de services d'intérêt public sont peut-être des vaches à lait, mais leurs possibilités de développement de leur clientèle et leur potentiel de croissance sont limités. Les banques opèrent sous la surveillance constante des autorités et la majorité d'entre elles sont par nature sur la défensive, soumises aux interventions de l'État, à une concurrence intense et à d'autres forces échappant à leur contrôle, notamment le prix de l'argent, sur lequel tout leur modèle économique repose. Il est intéressant d'examiner plus en détail les facteurs qui disqualifient certaines des entreprises de ce type.

La longue liste des entreprises à éviter comprendra inévitablement des entreprises dont les actions ne semblent pas chères du tout. Il est important que l'investisseur soit suffisamment discipliné pour ne pas céder à la tentation de s'affranchir de ses principes et de ses critères de risque. Les plus grandes erreurs que j'ai commises sont dues pour la plupart à ce type d'aberration. Dans de nombreux cas, il s'est avéré que les actions n'étaient pas chères pour une bonne raison.

Autant il est difficile de ne pas succomber au mirage des actions valant « trois fois rien », autant il faut accepter le fait que les entreprises *quality growth* – celles qui généreront les rendements les plus réguliers dans le temps – paraissent presque toujours onéreuses au moment de leur achat. C'est pourquoi les investisseurs *value* détiennent rarement des actions des entreprises les plus performantes sur leur marché. L'investisseur *quality growth* trouve au contraire qu'« elles le valent bien », pour paraphraser une des plus célèbres campagnes publicitaires de tous les temps.

Banques

Récemment, je disais au directeur général d'une grande banque que je n'achetais jamais d'actions d'une banque parce que je ne parvenais pas à comprendre le bilan des banques. Il m'a répondu qu'il n'y parvenait pas non plus. Il plaisantait peut-être, mais j'en doute. Les banques ont des bilans notoirement opaques et, dans tous les cas, leur modèle économique repose fortement sur l'effet de levier, ce qui est rédhibitoire selon les convictions de l'investisseur *quality growth*.

Quality growth versus banques

Performance de l'univers *quality growth** *versus* indice MSCI World Banks Net TR (USD)

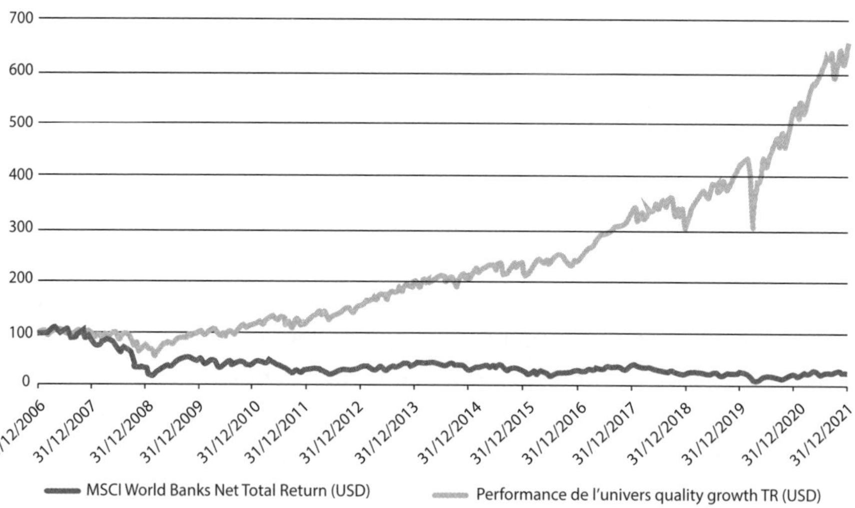

Source : Seilern Investment Management, 2021

* L'univers est équipondéré et rééquilibré quotidiennement dividendes réinvestis.

Le bilan des banques n'est pas le seul point négatif qui leur vaut d'être recalées. Tout leur modèle économique traditionnel est exposé à des menaces, l'évolution technologique n'étant pas la moindre, et il faudra des années d'efforts considérables pour remédier aux faiblesses stratégiques des banques historiques. (Voyez comme tombent les puissants, pourrait-on dire.) Les déboires des banques ont fait subir aux actionnaires des pertes en capital colossales et définitives.

La vulnérabilité des banques à de possibles interventions de l'État est aux antipodes de ce que l'investisseur *quality growth* recherche. Elle infirme la prévisibilité et la durabilité des bénéfices. Lorsque les perspectives de croissance des bénéfices d'une entreprise sont obscures, les prévisions relatives aux bénéfices futurs seront au mieux inexactes et au pire obsolètes.

Télécommunications

Les sociétés de télécommunication constituent un bon exemple d'entreprises qui, de prime abord, semblent répondre à nos critères de qualité et de croissance. L'explosion des données dans le monde entier laisse présager une forte expansion en volume. Les marges globales sont élevées car des oligopoles se sont formés dans la majorité des pays, où trois ou quatre entreprises au plus contrôlent le marché ; des noms comme Bell ou Telmex viennent à l'esprit, deux entreprises grâce auxquelles de vastes richesses ont été créées. Toutefois, à mesure que ces entreprises se développent, de nouveaux acteurs sont incités à entrer dans ce secteur, et les leaders finissent par voir leur rentabilité érodée par l'intervention des pouvoirs publics dans ce qui devrait être un service public bon marché accessible à tout un chacun.

Quality growth versus télécommunications

Performance de l'univers *quality growth versus* indice MSCI World Telecom Net TR (USD)

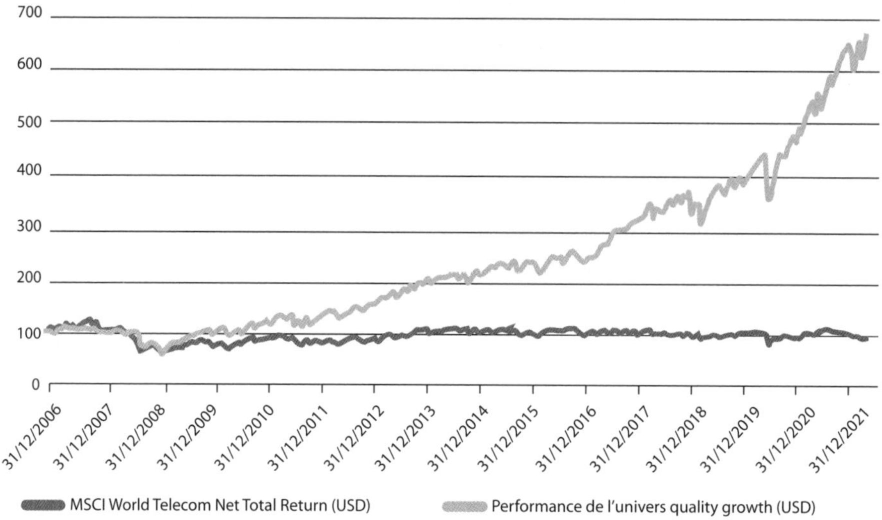

Source : Seilern Investment Management, 2021

Pétrole et gaz

Comme expliqué précédemment, les entreprises *quality growth* ont un pouvoir de fixation des prix. Elles ne sont pas à la merci des événements. L'entreprise *quality growth* est en mesure d'imposer ses prix, et ce pour des raisons qui lui sont propres. Cette définition exclut automatiquement les entreprises de matières premières, comme les sociétés minières, pétrolières et gazières. Quand le cours des matières premières augmente, ces entreprises peuvent générer un rendement des capitaux élevé, mais elles restent toujours vulnérables à l'inévitable baisse qui se produit lorsque l'équilibre entre l'offre et la demande se rétablit. Ces cycles sont souvent amplifiés par le niveau élevé des emprunts contractés dans les périodes de prospérité.

Quality growth versus pétrole et gaz

Performance de l'univers *quality growth versus* MSCI World Commodity Producers Net TR (USD)

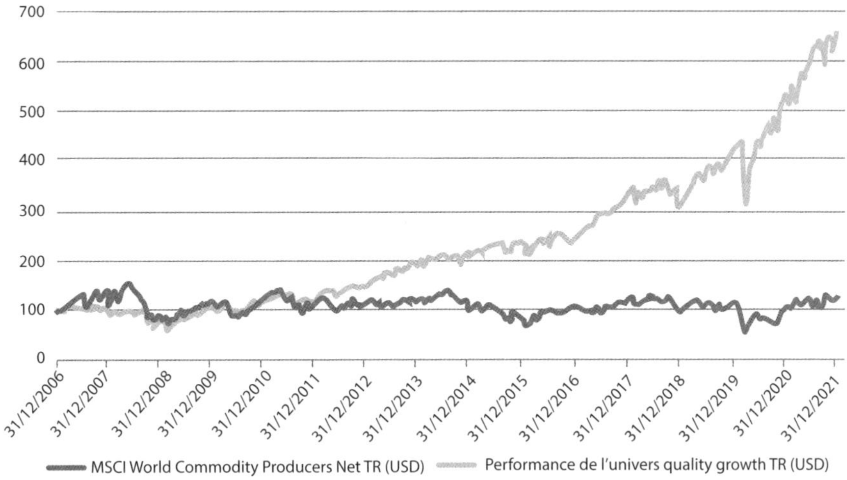

Source : Seilern Investment Management, 2021

La mobilisation internationale en faveur des énergies propres dans le cadre de la lutte contre le changement climatique rend en tout état de cause rapidement redondantes les sources d'énergie traditionnelles. L'époque où l'OPEP et l'OPAEP pouvaient dicter leur prix et usaient de ce pouvoir pour servir leurs intérêts est révolue, les États membres de ces organisations étant aujourd'hui largement sur la défensive. La demande de production d'énergie à partir des sources pétrolières traditionnelles diminue tandis que les découvertes de nouveaux gisements d'hydrocarbures s'enchaînent. La conjugaison de ces deux phénomènes n'accroît pas le pouvoir de fixation des prix.

Le prix du pétrole revêt une telle importance pour les consommateurs du monde entier qu'il est en outre régulièrement l'objet de machinations politiques impliquant les superpuissances. Certains importants producteurs de pétrole sont aussi des pays en développement, comme le Venezuela et la Libye, dont le paysage politique est fréquemment ravagé par des conflits ou des révolutions. (Les deux pays cités ont d'ailleurs fini par devenir des États défaillants.) Cela peut entraîner des ruptures dans la production de pétrole et empêcher la continuité de l'approvisionnement des marchés mondiaux, provoquant épisodiquement des flambées artificielles du prix du pétrole.

Une nouvelle tendance susceptible de durer à moyen terme a commencé à se faire sentir en 2020 et 2021. L'élan mondial en faveur des énergies propres, visant à lutter contre le réchauffement climatique, fait s'amenuiser, lentement mais sûrement, les dépenses d'investissement consacrées aux énergies fossiles dites « sales » et leur financement par les grandes banques. Cet amenuisement tient aux pressions exercées par les gouvernements et par les parties prenantes et actionnaires engagés dans une démarche ESG. Parallèlement, cependant, les possibilités de remplacer ces investissements par des projets d'énergie propre manquent cruellement. Comme il faudra des années à l'économie mondiale pour s'adapter aux énergies vertes, il y a tout lieu de penser que les prix du pétrole et du gaz pourraient rester élevés pendant de nombreuses années.

Les efforts déployés, par exemple par le Président Joe Biden, pour persuader l'OPEP et la Russie d'augmenter la production de pétrole restent vains. La Russie est accusée d'aggraver les pénuries de gaz en Europe en prenant en otage les économies de l'Union européenne, notamment en lien avec les désaccords concernant le gazoduc Nord Stream 2, ses avantages et ses dangers.

Indépendamment de l'important effet produit sur l'inflation, cela signifie que les revenus monétaires excédentaires des producteurs de pétrole ne cherchent plus à se réinvestir dans leur espace traditionnel. Ces revenus pourraient bien aller dans la poche des actionnaires sous la forme de dividendes. L'investisseur en quête de dividendes se réjouira de cette perspective, mais l'investisseur *quality growth* ne croit pas au mirage des dividendes. L'argent qui sort de l'entreprise sous la forme de dividendes ne peut plus servir à alimenter sa croissance ni les rendements composés.

Transport aérien

Les entreprises de ce secteur souffrent de divers problèmes. Tout d'abord, les compagnies *low cost* disputent aux compagnies historiques leur position de marché dominante. Ensuite, toute catastrophe ou toute attaque terroriste peut faire chuter les bénéfices, et les fluctuations du prix du carburant peuvent avoir aussi des effets dévastateurs sur le compte de résultat. Les bénéfices sont par nature cycliques et imprévisibles. Enfin, les compagnies aériennes sont sur la défensive depuis de nombreuses années, cherchant à améliorer leur position sur le marché en procédant à des fusions ou en concluant des accords commerciaux. Le comportement défensif adopté par les compagnies aériennes britanniques dans le contexte du Brexit en témoigne.

À ces facteurs traditionnels s'en ajoute un nouveau. L'enthousiasme avec lequel les gouvernements entreprennent de lutter contre le changement climatique mondial se traduira tôt ou tard par l'imposition de mesures restreignant d'une façon ou d'une autre les voyages aériens des particuliers. L'objectif de l'Union européenne consistant à inciter les compagnies aériennes à utiliser des carburants durables d'aviation, bien que s'inscrivant dans la logique de son projet de décarbonation, se traduit par une hausse du coût des carburants d'aviation. Ce n'est vraiment pas propice à une croissance séculaire des bénéfices des groupes de transport aérien.

Les compagnies aériennes ont fait partie des entreprises les plus durement touchées durant la pandémie de Covid-19. Comme les mesures de restrictions des déplacements étaient parmi les plus évidentes à prendre et que les voyageurs potentiels sont restés chez eux ou ont voyagé par d'autres moyens, les compagnies aériennes ont été sur la défensive encore plus que d'habitude. Les propositions formulées par l'Union européenne pour que le secteur du transport aérien s'emploie à réduire les émissions de l'aviation sont une véritable gageure. Pour l'instant, le carburant durable d'aviation est le seul moyen d'avancer dans la décarbonation de l'aviation. Cependant, étant donné que le coût de ce carburant est nettement supérieur à celui du carburant d'aviation actuellement utilisé et qu'une résolution de l'Association du transport aérien international (IATA) fixe pour objectif collectif de réduire à zéro les émissions de carbone d'ici 2050, les coûts exerceront de fâcheuses pressions sur les compagnies aériennes pendant une longue période.

Quality growth versus transport aérien

Performance de l'univers *quality growth versus* MSCI World Airlines Net TR (USD)

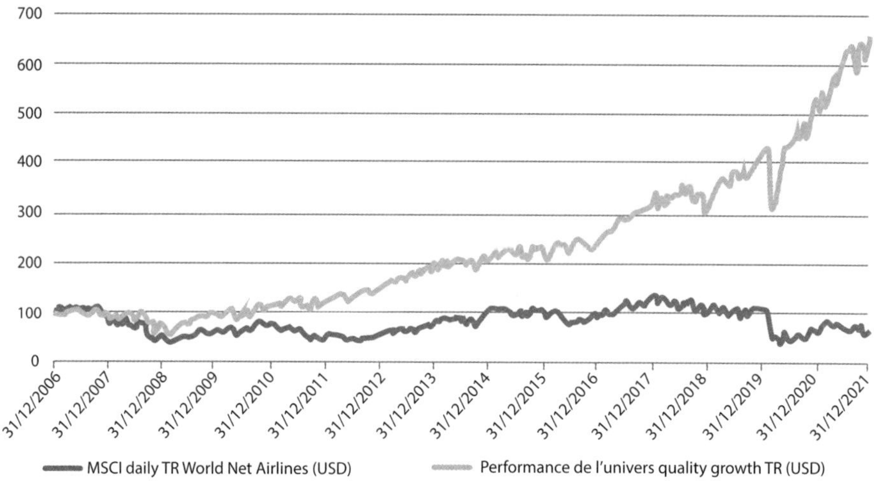

Source : Seilern Investment Management, 2021

Automobile

Les entreprises *quality growth* ont de faibles besoins en capitaux. Cela signifie que les dépenses d'investissement nécessaires pour leur permettre de continuer à croître seront normalement maintenues au minimum. Ce n'est pas le cas des entreprises cycliques. Les constructeurs automobiles sont l'exemple type d'entreprises qui ont besoin régulièrement de sommes colossales pour conserver leur rythme de croissance. Certes, certains d'entre eux ont des marques coûteuses qui génèrent des marges supérieures, mais dans leur majorité ils ont des marges faibles, n'ont peu ou pas de pouvoir de fixation des prix et sont à la merci des ralentissements conjoncturels. Comme les statistiques le montrent, renoncer à l'achat d'une nouvelle voiture est l'une des premières décisions prises par les consommateurs lors d'un ralentissement économique. Par exemple, la production automobile a chuté de presque 50 % au plus fort de la dernière crise financière de 2008.

Quality growth versus automobile

Performance de l'univers *quality growth versus* MSCI World Automobiles Net TR (USD)

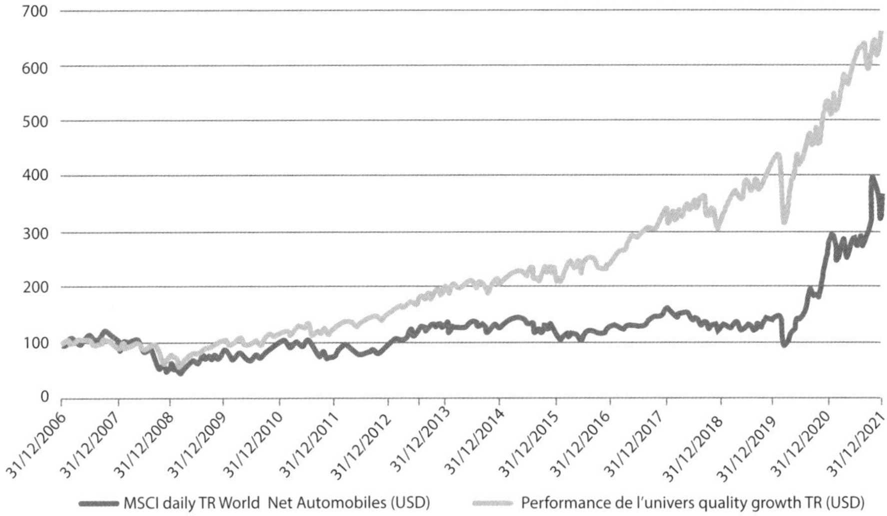

Source : Seilern Investment Management, 2021

En outre, le scandale du « dieselgate » suscité par Volkswagen a jeté l'opprobre sur tout le secteur automobile, s'étendant à d'autres marques prestigieuses. Les amendes déjà imposées creuseront un large trou dans le bilan de Volkswagen et pourraient ne pas marquer la fin de sa chute. Il est possible que l'US Securities and Exchange Commission inculpe Volkswagen pour avoir trompé ses investisseurs.

Le marché des véhicules classiques est en plus menacé par l'arrivée des véhicules électriques et des véhicules sans chauffeur. Au Royaume-Uni, par exemple, des propositions ont été faites pour interdire la vente de nouveaux véhicules à essence ou diesel d'ici 2030 (l'objectif actuel du gouvernement est 2040). La situation pourrait changer, mais cette menace stratégique pèse clairement sur l'industrie automobile. On peut difficilement dire que ce sont des éléments caractéristiques d'une croissance de qualité. Même lorsque des innovations voient le jour, comme les véhicules Tesla d'Elon Musk, la plupart des constructeurs automobiles traditionnels seront forcés en fin de compte de les concurrencer jusqu'à les faire disparaître (ou de les rendre dénuées d'intérêt pour l'investisseur *quality growth*).

En conséquence, et bien que Tesla ne réponde pas aux critères de l'investissement *quality growth*, ses actionnaires ont bénéficié de rendements spectaculaires ces dernières années jusqu'à fin 2021.

L'invention de l'automobile a signé la fin de la route pour des millions de chevaux au début du XXe siècle. Les constructeurs actuels de véhicules classiques connaîtront probablement un sort tout aussi funeste.

Start-up et introductions en Bourse

Les start-up constituent un autre segment boursier que l'investisseur *quality growth* évitera. Ce segment offre de nombreuses opportunités d'investissement, notamment dans le domaine de la haute technologie et dans ce que l'on appelle la nouvelle économie. Les investisseurs sont régulièrement tentés de réaliser des gains rapides en soutenant des innovations technologiques, présentées par de jeunes entrepreneurs à un public crédule, sur les vives recommandations de leur conseiller financier. Malheureusement, s'il existe des exemples de réussite spectaculaire, seul un petit nombre de start-up survivent.

L'élément le plus rebutant pour l'investisseur *quality growth* est l'absence d'un solide historique des performances. Au Royaume-Uni, par exemple, la majorité des start-up font faillite avant leur premier anniversaire, ce qui entraîne une perte en capital définitive pour leurs investisseurs. Lorsqu'il n'existe pas d'antécédents de résultats positifs, il n'existe pas de base sur laquelle fonder les prévisions de rentabilité future. L'investisseur *quality growth* évitera donc automatiquement ce type d'investissements.

Les introductions en Bourse sont un autre type d'investissements peu attrayant pour l'investisseur *quality growth*. Depuis longtemps, les introductions en Bourse séduisent des investisseurs parce qu'ils savent que les actions seront placées massivement avant d'être cotées en Bourse. Or, plus les investisseurs sont nombreux à souscrire, plus le cours de l'action a de chances de monter en flèche dès le début de la cotation, ce qui permet des gains immédiats. Bien des investisseurs prennent alors leurs bénéfices et passent à autre chose, pratique appelée autrefois *stagging* (l'expression est devenue presque obsolète).

À l'évidence, toutes les entreprises cotées en Bourse, dont les entreprises *quality growth*, ont dû à un moment ou l'autre être introduites en Bourse. Cependant, la plupart des entreprises ne sont pas suffisamment matures pour répondre aux critères de l'investisseur *quality growth* quand elles accèdent au marché pour la première fois. Certaines ne réalisent pas encore de bénéfices, d'autres entrent en Bourse simplement pour lever davantage de fonds, ce que les meilleures entreprises ont rarement besoin de faire une fois qu'elles sont parvenues à maturité. Ces dernières années ont été riches en exemples de risques que peuvent présenter les nouvelles arrivantes sur le marché.

En 2019, plusieurs « licornes » célèbres – jargon employé par les capital-risqueurs pour désigner les entreprises non cotées valorisées à plus d'un milliard de dollars américains – ont annoncé leur projet d'entrer à la Bourse américaine. Parmi elles figuraient des noms très connus comme Lyft et Uber, deux sociétés de voiture de transport avec chauffeur (VTC) qui, dans de nombreuses villes de la planète, disputent le marché aux taxis classiques opérant sous licence. Pour que leurs actions soient plus attrayantes, ces entreprises ont été classées dans le secteur technologique, en invoquant le fait que leurs modèles économiques reposent sur une plateforme sophistiquée de mise en relation des chauffeurs avec des passagers potentiels. (Il y a eu de nombreux autres exemples en 2020 et 2021.)

Bien qu'enregistrant de lourdes pertes, ces deux entreprises ont trouvé des investisseurs prêts à participer à leur introduction en Bourse. Dans le cas d'Uber, le cours d'ouverture impliquait que la société était valorisée à près de 90 milliards de dollars américains malgré ses pertes. Ces deux sociétés ont perpétuellement besoin d'injections d'argent frais pour financer leurs dépenses d'équipement considérables et reconstituer une trésorerie qui ne cesse de se vider, sans aucune garantie qu'elles seront un jour rentables.

Ces épisodes rappellent fortement les excès dont s'est accompagnée la bulle Internet au début du XXIe siècle. À cette époque, les indicateurs de valorisation classiques, comme le PER, ont été jetés aux oubliettes. En effet, comme de nombreuses sociétés *dot com* (à l'instar d'Uber et de Lyft) accumulaient les pertes, il n'y avait pas de bénéfices à partir desquels calculer un PER. À la place, les promoteurs des actions ont inventé de nouveaux indicateurs, comme le nombre de clics, pour justifier leur valorisation astronomique. Les investisseurs ont inévitablement essuyé de lourdes pertes en capital définitives. Le Nasdaq, sur lequel la majorité de ces entreprises avaient été introduites, a perdu plus des trois quarts de sa valeur en deux ans et demi après son pic de mars 2000. Il lui a fallu presque treize ans pour retrouver ses plus hauts niveaux.

Dans la période qui a précédé ces résultats calamiteux, les investisseurs qui s'en tenaient fermement à leur approche disciplinée (dont moi-même) ont été taxés de conformistes attardés qui ne comprenaient pas comment il fallait investir aujourd'hui. La suite des événements nous a donné raison puisque les actions *quality* et *growth* ont généré comme il se doit des rendements supérieurs à la moyenne les années suivantes. En effet, la folie qui s'était emparée du marché avait fait tomber le cours de nombreuses entreprises solides à des niveaux si bas que cette période a offert des opportunités d'investissement en or à l'investisseur de long terme.

Les secteurs qui font la différence

S'il est aisé d'identifier les secteurs dans lesquels l'investisseur *quality growth* a peu de chances de trouver des entreprises répondant à ses critères, il n'est pas aussi facile de généraliser quant à savoir où se trouveront *immanquablement* les entreprises *quality growth.*

Les secteurs qui figurent le plus souvent sur les fiches descriptives de nos fonds sont les suivants :

- technologie de l'information ;
- biens de consommation discrétionnaire ;
- santé ;
- industrie ;
- biens de consommation de base.

Toutefois, cette liste peut elle aussi être trompeuse, car les classements effectués par les fournisseurs d'indice sont souvent inappropriés. Par exemple, Alphabet (Google) est classée comme société de technologies de l'information alors qu'en réalité c'est une société de publicité, et non une société de technologie à proprement parler. Les investisseurs devraient toujours regarder au-delà des étiquettes simplistes que les fournisseurs d'indice accolent aux différentes actions, pour se concentrer sur les véritables fondamentaux de l'entreprise.

Gérer la volatilité du marché

La volatilité boursière est généralement perçue comme un des nombreux risques encourus. Ce peut être la volatilité d'un indice boursier pris dans son ensemble ou celle de chacune de ses composantes. Dans le premier cas, la volatilité boursière peut s'expliquer par diverses raisons. Ainsi, des mouvements inattendus des taux d'intérêt, ou bien des événements exceptionnels (qualifiés de « cygnes noirs »), peuvent provoquer des réactions brusques et imprévisibles. Elles peuvent se produire dans un sens ou dans l'autre : à la hausse ou à la baisse. Il existe même un indice spécial, le VIX (parfois appelé « indice de la peur »), qui mesure la volatilité implicitement contenue dans les cours boursiers du moment. Pendant les périodes de calme relatif sur les marchés, le VIX est bas, et *vice versa*.

Les périodes durant lesquelles le marché affiche un niveau élevé de volatilité sont généralement supposées être plus risquées que les périodes de faible volatilité. Cependant, pour l'investisseur *quality growth*, qui s'inscrit dans une perspective de long terme, les sautes d'humeur d'un jour à l'autre s'expliquent souvent par le triomphe de l'émotion sur la raison. En fait, les jours d'extrême volatilité sur le marché lui offrent la possibilité d'ajuster son portefeuille et de tourner ainsi la volatilité à son avantage. Cela exige des nerfs d'acier, mais il n'oublie jamais que la volatilité des cours n'est pas synonyme de volatilité des activités de l'entreprise concernée – loin de là dans le cas des entreprises réunissant les conditions requises pour faire partie de l'univers *quality growth*.

La lettre grecque *bêta* (équivalent à la lettre « b ») est aujourd'hui couramment employée comme mesure de la sensibilité des actions aux mouvements du marché dans son ensemble. Une action dont le bêta est supérieur à un est une action dont le pourcentage d'augmentation ou de diminution est supérieur à celui de son indice. Inversement, un bêta inférieur à un signifie que le cours de l'action augmente ou diminue moins fortement que son indice. Le bêta est souvent une fonction de la liquidité sous-jacente du marché. C'est pourquoi les entreprises à faible capitalisation boursière connaissent de plus fortes variations des cours lorsque des blocs d'actions sont échangés et que les acheteurs ou vendeurs éprouvent des difficultés à trouver des contreparties.

Un des principes guidant l'investisseur *quality growth* est que les entreprises qu'il recherche auront enregistré une croissance régulière sur une longue période. L'effet cumulatif de ce flux croissant de bénéfices sur de nombreuses années vaudra en général à ces entreprises de compter parmi les grandes capitalisations boursières. Comme l'appariement des ordres d'achat et des ordres de vente s'effectue facilement lorsque le marché est liquide, les actions de ces entreprises ont fréquemment un bêta inférieur à un. Par conséquent, l'extrême volatilité est un problème qui se pose rarement dans le cas d'un portefeuille *quality growth*.

En conclusion, la volatilité du marché dans son ensemble et la volatilité des différentes entreprises cotées sont une mesure de l'esprit grégaire de certains investisseurs. À l'instar de la météo, l'humeur de ces investisseurs est sujette à de fréquents changements, y compris au cours d'une seule et même séance boursière. Cependant, face à ce phénomène, l'investisseur *quality growth* adoptera une attitude sereine à l'image du dicton « les chiens aboient, mais la caravane passe ».

Couvrir le portefeuille

Le concept de couverture d'un portefeuille d'actions désigne normalement la pratique consistant à prendre une protection contre le risque de mouvements de baisse brutale des cours. L'opération de couverture peut porter sur l'ensemble du portefeuille, en utilisant les outils disponibles pour couvrir l'indice actions correspondant, ou sur les actions au cas par cas, au moyen de produits dérivés adaptés à chacune des positions du portefeuille. Elle peut aussi être une combinaison des deux. Il existe diverses façons complexes de procéder, mais dans la grande majorité des cas couvrir un portefeuille d'actions est une perte de temps et d'argent pour l'investisseur. Généralement, seule la contrepartie y gagne financièrement. C'est comme souscrire à une police d'assurance lorsque le risque est couvert mais que le sinistre survient rarement.

Pour l'investisseur *quality growth*, l'idée d'appliquer des techniques de couverture à son portefeuille présente une faille conceptuelle. En effet, comme il détient en portefeuille des entreprises dans la perspective qu'elles lui procurent des revenus sur le long terme, mettre en place une couverture pour protéger ces revenus contre une baisse des cours sur un horizon temporel plus court n'a guère de sens. Si ses anticipations concernant l'une ou l'autre de ces entreprises s'assombrissent, l'investisseur vendra tout bonnement ses actions et passera à autre chose. Couvrir son portefeuille au moyen d'options de vente signifie simplement qu'il ne connaît pas suffisamment l'entreprise sous-jacente. Les instruments de couverture ne peuvent le protéger contre son manque de connaissances. Si l'entreprise sous-jacente satisfait aux critères de qualité et aux critères de croissance, disposer de connaissances suffisantes rend inutile le recours aux instruments de couverture.

La couverture du change est une autre problématique. La règle générale devrait être que l'investisseur valorise ses avoirs dans la monnaie dans laquelle la majorité de son passif est libellé. Dans la pratique, cette règle est rarement suivie. La valeur des monnaies étrangères peut être très volatile et varier fréquemment dans l'année, le mois, la journée et même l'heure, sous l'effet d'une combinaison complexe de fondamentaux et de spéculation. En elle-même, une monnaie étrangère n'est pas un bon placement. C'est simplement la conjugaison d'un moyen d'échange, d'une unité de compte et d'une réserve de valeur d'une autre zone monétaire.

En régime de change flottant, les taux de change peuvent fluctuer de manière imprévisible, ce qu'ils font effectivement. S'il ne s'occupe pas de ce risque, l'investisseur s'expose à une perte en capital définitive. Par exemple, les investisseurs internationaux qui ont le dollar américain ou l'euro pour devise de base et qui ont investi dans la zone de la livre sterling dans la période allant d'immédiatement après le référendum sur le Brexit à nos jours ont subi une perte en capital définitive en raison de la dépréciation continue de la monnaie britannique. Cette dépréciation reflète l'érosion de la confiance dans la Grande-Bretagne post-Brexit et les inquiétudes quant à l'avenir d'une monnaie dont l'importance sur la scène internationale est appelée à diminuer encore.

Sans une forme ou l'autre de protection contre le risque que la valeur d'un investissement libellé en monnaie étrangère soit érodée par une dépréciation de cette monnaie, même l'investisseur *quality growth* prend un risque inutile s'il ne contracte pas une certaine forme d'assurance. Se couvrir contre le risque de change afin de préserver la valeur des investissements étrangers en portefeuille libellés dans la devise de référence devrait donc être un des éléments de la stratégie d'investissement de quiconque gère un portefeuille international d'entreprises *quality growth*.

Cependant, même ce type de couverture a tendance à n'offrir qu'une protection superficielle. Un autre facteur importe tout autant : la mesure dans laquelle les entreprises en portefeuille sont elles-mêmes exposées par leurs activités au risque de change. Les entreprises ne sont pas toutes disposées à communiquer cette information à leurs investisseurs, laquelle ne peut alors que faire l'objet de conjectures. La couverture contre le risque de change au niveau du portefeuille repose essentiellement sur une approximation imparfaite des expositions au risque de change respectives des différentes entreprises en portefeuille, et, par conséquent, ne peut offrir qu'une protection partielle contre des mouvements de change défavorables.

Un autre problème se pose. Comme une opération de change requiert au minimum deux parties, l'investisseur *quality growth* échange un risque (celui de perdre de l'argent si la valeur extérieure de sa position de change diminue) contre un autre (celui d'une éventuelle défaillance de la contrepartie à cette opération de couverture). Les deux parties ont des obligations mutuelles à remplir quand l'instrument de couverture arrive à échéance. Si l'une ou l'autre des parties est défaillante et ne peut honorer ses obligations, l'autre subit une perte. Analyser le risque de crédit de la contrepartie fait donc aussi partie du travail à réaliser par l'investisseur *quality growth*.

Chapitre 5
L'art de la valorisation

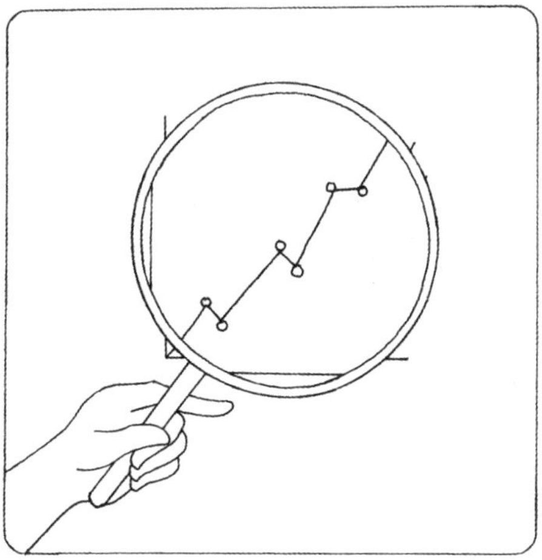

Comme expliqué plus haut, la valorisation est l'un des trois panneaux du triptyque des déterminants du marché, les deux autres étant la croissance et les liquidités. Pour bien des investisseurs, la valorisation est la priorité absolue au sein de ce triptyque. Plus l'investisseur a un horizon de court terme, plus il considérera la valorisation comme un facteur important. En effet, c'est seulement sur le long terme que le cours des actions s'alignera sur la valeur fondamentale de l'entreprise. Sur des périodes plus courtes, de nombreux autres facteurs entrent en jeu.

Pour l'investisseur ayant un horizon temporel de plus long terme, la valorisation devient un facteur moins important. L'investisseur *quality growth* dont l'horizon temporel est illimité ne doute pas que son portefeuille soit composé d'actifs de qualité qui auront une longue durée de vie. Pour maximiser les rendements, il est évidemment souhaitable que le cours d'acquisition des actions d'une entreprise *quality growth* soit raisonnable. Cependant, s'il est déraisonnable, ce n'est pas forcément la fin du monde. Avec le temps, l'effet cumulatif d'une croissance bénéficiaire régulière peut rendre insignifiant même un cours d'acquisition élevé.

Le graphique suivant montre comment une entreprise qui satisfait aux critères de qualité et de croissance peut surmonter le handicap d'une valorisation élevée au moment de l'achat. L'entreprise en question est Automatic Data Processing. Son PER fluctue historiquement dans une fourchette comprise entre vingt fois et quarante fois les bénéfices. L'entreprise a souvent semblé une valeur onéreuse, en particulier pour un investisseur *value*. Elle est entrée en Bourse en 1961, une année difficile pour l'économie mondiale. Pourtant, sur l'ensemble de la période considérée, même si elle n'a pas échappé aux phases de ralentissement de la croissance, elle n'a cessé d'augmenter ses bénéfices. Dans les moments où son PER a décliné, l'écart entre les bénéfices de l'entreprise et le cours de ses actions s'est évidemment creusé, offrant ainsi des possibilités de la mettre en portefeuille à un prix raisonnable. Puis, au fil du temps, le cours de ses actions a convergé à nouveau vers le taux de croissance à long terme de ses bénéfices. Pour quiconque avait acheté des actions d'Automatic Data Processing en 1961 et les avait conservées ensuite, le prix d'acquisition était oublié depuis belle lurette.

Historique du PER par action d'Automatic Data Processing

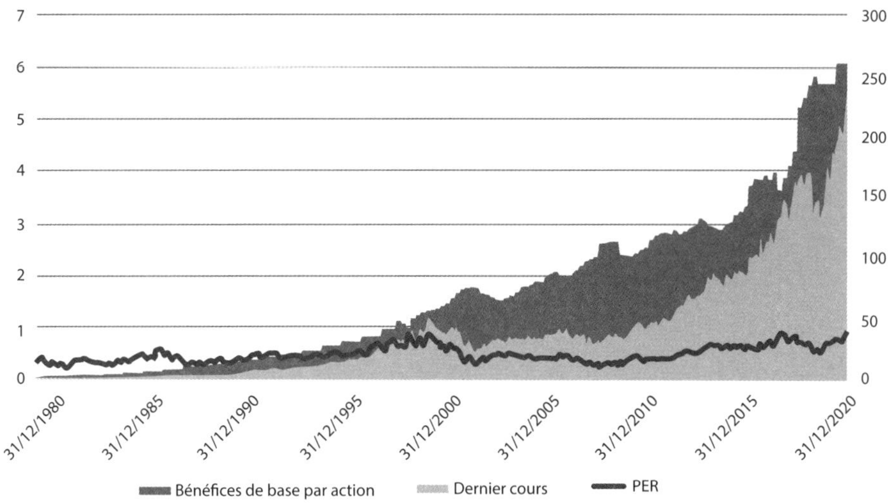

Source : Factset, 2021

Une valorisation raisonnable

Qu'est-ce qu'une valorisation raisonnable ? Comme indiqué au chapitre 2, le rôle des marchés d'actions consiste à indiquer quelle est la valeur aujourd'hui des bénéfices que les entreprises réaliseront demain. Ils utilisent les taux d'intérêt comme mécanisme d'actualisation pour déterminer la valeur actuelle des bénéfices futurs de l'entreprise. Un taux d'intérêt sans risque, ou qui en est dépourvu le plus possible, est l'élément indispensable pour effectuer cette actualisation. Le taux d'intérêt considéré comme un taux sans risque sera généralement le taux des emprunts d'État à dix ans, auquel il faut ajouter, dans une analyse traditionnelle du moins, la prime de risque de l'action considérée. Historiquement, cette prime est supposée être de l'ordre de 5 %.

Toutes choses égales par ailleurs, une hausse du taux d'actualisation aura tendance à réduire la valeur actuelle des bénéfices futurs de l'entreprise, ce qui aura pour effet d'abaisser le cours des actions. De même, une baisse du taux d'actualisation aura tendance à produire l'effet inverse, conduisant à une hausse du cours. L'évolution du taux sans risque et de la prime de risque des actions est donc, en principe, un puissant déterminant de l'orientation des marchés d'actions, et un paramètre jouant beaucoup dans l'établissement de la valeur d'un investissement en actions donné. Les fluctuations du taux sans risque, et les fluctuations des taux obligataires en général, influent considérablement sur la valorisation de tout type d'actions.

L'investisseur *quality growth* se heurte alors à une double interrogation. Premièrement, quel taux d'actualisation convient-il d'appliquer aux bénéfices futurs de l'entreprise qu'il est susceptible d'ajouter à son portefeuille ? Deuxièmement, en supposant que la meilleure approximation du taux sans risque soit le taux d'un emprunt d'État approprié, quelle prime convient-il d'ajouter, s'il y a lieu, pour prendre en compte le risque supplémentaire que présente la détention d'actions par rapport à la détention d'obligations ? Le choix de ces deux paramètres peut modifier de façon non négligeable la valeur actuelle obtenue en actualisant les bénéfices futurs.

Décider quel taux sans risque il convient d'employer n'est pas une science exacte. L'investisseur doit faire preuve de bon sens, de connaissance du marché et de jugement pour trouver la bonne réponse. Comme les taux varient d'un pays à l'autre, il semble naturel d'utiliser le taux d'un emprunt d'État du pays où est implantée l'entreprise dans laquelle l'investisseur envisage d'investir. Cependant, de nombreuses entreprises *quality growth* sont des multinationales qui exercent leurs activités dans de multiples pays. Ainsi, Nestlé est une société suisse dont la clientèle suisse ne représente qu'une fraction de ses ventes.

L'application de la règle stricte selon laquelle le bilan doit être exempt de dettes justifie à mon avis que l'investisseur *quality growth* applique un taux d'actualisation inférieur à celui utilisé pour d'autres investissements, de moindre qualité. La beauté de cette règle simple est que la certitude que l'entreprise *quality growth* procurera des rendements réguliers, ajoutée à la solidité de son bilan, rend la versatilité des anticipations de taux d'intérêt à court terme largement sans importance. Ce constat majeur étaye l'affirmation selon laquelle un portefeuille *quality growth* peut procurer des rendements supérieurs pour un moindre risque.

Il n'est pas inutile de rappeler que l'on peut s'interroger quant à savoir si le taux servi par un emprunt d'État à dix ans constitue une mesure appropriée pour calculer le taux d'intérêt sans risque dans ce type d'analyse. Comme indiqué au chapitre 2, l'encours des emprunts d'État émis a connu une croissance vertigineuse depuis la crise financière mondiale. Parallèlement, la mise en œuvre dans maints pays d'une politique monétaire non conventionnelle, sous la forme d'un assouplissement quantitatif et d'autres mesures, a contribué à l'apparition d'un phénomène sans précédent : les détenteurs d'obligations d'État se sont vu offrir des taux d'intérêt négatifs sur un large éventail de maturités. Nombre d'observateurs ont estimé que cela engendrait une distorsion du prix de marché des obligations d'État.

En 2019, il est arrivé qu'aucune des obligations émises par l'État allemand, même celles ayant les plus longues échéances, n'offrait un rendement positif. Aujourd'hui encore, déduction faite de l'inflation, un très grand nombre d'obligations émises par des pays occidentaux servent des taux réels négatifs. Les taux des obligations indexées, lesquelles visent à offrir une protection contre l'inflation, sont à peine positifs aux États-Unis, et négatifs dans la majorité des pays européens.

Vouloir actualiser un flux futur de bénéfices au moyen d'un taux d'actualisation négatif est voué à l'échec, car mathématiquement le résultat ne peut être que l'infini. Par conséquent, l'investisseur prudent pourrait légitimement envisager d'utiliser le taux d'une obligation d'entreprise à faible risque, en remplacement du taux classique, mais sans risque, basé sur un taux des emprunts d'État qui est peut-être faussé. Toutefois il se heurte là aussi au même problème car des entreprises comme Microsoft ont pu emprunter de l'argent à des investisseurs à un taux d'intérêt proche de zéro. Cela témoigne des conditions de marché exceptionnelles auxquelles les investisseurs doivent s'adapter aujourd'hui. Le principe suprême doit être d'appliquer le taux d'actualisation qui est le plus pertinent et le plus approprié pour le type d'entreprises *quality growth* dont l'investisseur tente d'établir la valeur. Cela implique de rejeter la mesure la plus couramment employée par les analystes financiers de par le monde pour attribuer une valeur à une entreprise : le coût moyen pondéré des capitaux (CMPC). L'emploi de cette mesure est préconisé dans les *business schools* par des enseignants qui ne sont pas toujours au fait de la réalité des marchés des capitaux. Est-il judicieux d'introduire la volatilité attendue du cours de l'action dans le calcul du taux d'actualisation, comme le CMPC le fait, quand bien même l'idée que la volatilité représente le risque est un mythe populaire ?

Cela n'a guère de sens pour l'investisseur *quality growth* d'adopter cette approche. Il doit être plus pragmatique et ne pas perdre de vue que son objectif fondamental consiste à déterminer la probabilité qu'une entreprise puisse pérenniser ses flux de bénéfices. La visibilité et la régularité des bénéfices de l'entreprise sont un ingrédient plus important que la volatilité du cours de ses actions.

L'approche standard enseignée par les *business schools* complique excessivement la question en voulant atteindre une précision mathématique inutile. Le bon sens suggère que les entreprises *quality growth* dont les bénéfices futurs sont prévisibles et qui ont réussi à creuser autour d'elle un large fossé concurrentiel méritent de se voir appliquer un taux d'actualisation moins élevé que celui à employer pour les entreprises qui n'ont ni l'un ni l'autre. Plus les bénéfices sont prévisibles, plus faible devrait être la prime de risque pour les actions à ajouter au taux sans risque, quel que soit le taux choisi.

Parallèlement, il est logique de penser qu'il convient de prendre comme taux sans risque un taux en adéquation avec la duration des actifs de l'entreprise. Les entreprises *quality growth* étant, par définition, des actifs de longue duration, il est logique de prendre pour référence le taux d'une obligation à longue duration comme taux sans risque. Warren Buffett utilise le taux des emprunts d'État américains à trente ans, sans ajouter de prime de risque pour les actions concernées, comme taux d'actualisation pour valoriser ses positions de long terme[12].

Ce qu'il reste du CMPC, c'est le risque inhérent à la classe d'actifs, le risque propre à l'action, la structure du capital et le taux d'imposition, ce que je définirais de manière large comme la prime de risque de l'action. Le montant exact de cette prime est de toute évidence sujet à débat. Il peut ne pas être constant et variera d'un type d'entreprise à l'autre. Est-il correct, par exemple, d'affirmer comme d'aucuns le font que l'entreprise qui a emprunté beaucoup d'argent devrait se voir appliquer un taux d'actualisation inférieur parce que la charge d'intérêts est fiscalement déductible de l'impôt sur les sociétés ? Étant donné qu'emprunter augmente le risque, ce raisonnement semble étrange à tout professionnel, et non théoricien, de l'investissement. De même, le risque propre à l'action devrait-il être calculé en fonction de la volatilité du cours de l'action, alors que le véritable risque

12. Il convient d'ajouter que son collègue, Charlie Munger, affirme qu'il n'a en fait jamais vu Warren Buffett effectuer le calcul, car il n'a pas de calculatrice.

réside dans l'éventualité que l'entreprise ne puisse générer les cash-flows que l'investisseur attend d'elle ?

À mon avis, une entreprise *quality growth* – qui, selon nos critères, n'a pas de dette nette et, de ce fait, est insensible à l'évolution générale des taux d'intérêt – mériterait de se voir appliquer une prime de risque inférieure à celle attribuée aux entreprises dont le bilan est fragile. En 2019, le taux d'actualisation global utilisé pour valoriser les positions en portefeuille se montait approximativement à 7,5 %. Ce chiffre a diminué ces dernières années, car les implications de la faiblesse apparemment permanente de la croissance et des taux d'intérêt ont réduit le taux sans risque et la prime de risque des actions. Rien d'étonnant, dans cette logique, à ce que le marché ait été haussier si longtemps ni à ce que les entreprises *quality growth* aient continué d'obtenir des résultats si impressionnants. Des bénéfices futurs élevés et durables actualisés à un taux faible sont une recette pour réussir en Bourse. On peut soutenir à juste titre que, dans les conditions actuelles, la prime de risque correcte pour les actions d'une entreprise *quality growth* devrait être inférieure à 5 %.

Avoir une vision d'ensemble

Une fois que l'investisseur a défini son taux d'actualisation, il lui reste à déterminer si l'action est bon marché ou onéreuse. En principe, lorsqu'il s'agit d'un achat, c'est simple. Il faut prendre la valeur actuelle des futurs cash-flows attendus et la comparer avec le cours du moment. Si la valeur actuelle est inférieure au cours du moment, cela suggère que l'action est bon marché ; si elle est supérieure, elle peut paraître onéreuse. La difficulté consiste alors à effectuer une évaluation réaliste du taux probable de croissance des bénéfices futurs et de leur durabilité probable.

Parallèlement, il importe d'examiner le PER auquel les actions se négocient à la lumière de la situation macroéconomique d'ensemble. Il faut notamment se demander quelle trajectoire emprunteront les taux d'intérêt fixés par les principales banques centrales de la planète, et les rendements obligataires. Une hausse des taux et des rendements doit faire s'attendre à une baisse du cours des actions. L'inverse est vrai. Une augmentation des taux se traduit en général par des PER plus faibles, et *vice versa*. À cet égard, n'oublions pas que l'inflation est un des principaux déterminants du niveau des taux.

Depuis plus de dix ans, la mondialisation raccourcit les chaînes d'approvisionnement et fait se répandre l'utilisation des méthodes de production et de distribution en flux tendu. Cela a renforcé la tendance du pouvoir de fixation des prix à passer des mains des producteurs à celles des consommateurs. Dans ce contexte, il est improbable d'assister à une hausse généralisée des prix à la consommation, comme cela s'est produit durant la majeure partie des années 1970. Lorsque le pouvoir de fixation des prix est entre les mains des consommateurs, l'entreprise moyenne, qui opère dans un marché concurrentiel, n'a guère d'autre choix que de suivre le mouvement. La croissance de ses futurs bénéfices sera limitée par son incapacité à augmenter les prix à son gré.

L'apparition de la pandémie de Covid-19 a modifié la donne économique. Bien des observateurs affirment aujourd'hui que la mondialisation entamée il y a des années est appelée à s'inverser. Ils ont montré comment les gouvernements sont intervenus dans le secteur privé, aiguillonnés par les médias, en laissant filer la dette publique et les déficits budgétaires pour éviter les effets négatifs d'une contraction ou d'une récession économique. La hausse du prix des actifs sur les marchés financiers et immobiliers a en outre conféré plus de poids aux arguments selon lesquels les investisseurs ont bénéficié de cette hausse, contrairement à ceux qui n'investissent pas. (Ces arguments contrastent vivement avec le fait que de nombreux nouveaux venus se sont mis à investir en Bourse depuis leur ordinateur pendant qu'ils étaient confinés chez eux.) La pandémie ayant tenu les gens éloignés de leur travail, souvent contre leur gré, l'activité économique a brutalement chuté après avoir progressé modérément mais régulièrement ces dix dernières années.

L'augmentation massive de la dette publique sera lourde de conséquences pour les entreprises privées, mais aussi pour les consommateurs. La main pesante de l'État et des médias a eu d'importantes répercussions macroéconomiques. La principale est la hausse des prix à la consommation, qui résulte principalement des contraintes pesant sur la chaîne d'approvisionnement. S'y ajoute un autre phénomène. Avec la pandémie, des travailleurs potentiels sans emploi ont changé d'attitude face au travail. De multiples raisons, certaines légitimes et d'autres moins, sont avancées pour expliquer pourquoi certains travailleurs n'ont pas la capacité ou la volonté de retourner dans la vie active. Ce phénomène s'observe en particulier aux États-Unis.

Avant la pandémie, les personnes âgées pouvant bénéficier d'une retraite anticipée restaient généralement à leur poste. Aujourd'hui, ces mêmes personnes ont goûté à la joie de rester chez elles, de ne pas se rendre au travail. Cela les a incitées (ainsi que d'autres segments de la main-d'œuvre) à se retirer de la vie active. Les emplois manuels ou non qualifiés sont particulièrement touchés par ce phénomène. Aux États-Unis, la diminution du taux d'activité s'accompagne d'une baisse du taux de chômage. Mais cette amélioration du taux de chômage est artificielle et le déséquilibre entre l'offre et la demande de main-d'œuvre pousse les salaires à la hausse.

Aujourd'hui, tous les regards se tournent vers les dangers liés à une spirale prix-salaires échappant à tout contrôle. Si le taux d'activité demeure faible et si les prix à la consommation continuent de grimper, la productivité des entreprises en souffrira. Si, en revanche, les besoins latents en dépenses d'investissement sont satisfaits, cela peut contribuer à des gains de productivité et à un abaissement du coût unitaire de la main-d'œuvre. Dans ces conditions, la récente tendance à la hausse des prix à la consommation devrait s'inverser et les prix à la consommation devraient revenir à des niveaux plus normaux, ceux d'avant la pandémie.

La situation est différente dans le cas des entreprises *quality growth*, dont la position sur le marché leur permet d'imposer leurs prix indépendamment des niveaux d'inflation. Lorsque l'on peut tabler sur les futurs bénéfices de l'entreprise pour alimenter sa croissance, l'investisseur a la satisfaction de pouvoir comparer le cours de l'action aujourd'hui avec la valeur actuelle de ses prévisions de bénéfices sur cinq ans ou plus. Cet exercice serait stérile s'il s'agissait d'évaluer les perspectives des constructeurs automobiles, des compagnies d'exploration pétrolière ou des banques, qui dépendent du cycle économique et du prix des matières premières. Leurs bénéfices ne peuvent être prévus avec un niveau de confiance suffisant pour que la comparaison ait du sens.

Lorsque l'on détermine si le PER d'une entreprise *quality growth* est faible ou élevé, cette distinction cruciale doit rester au centre des préoccupations. Les entreprises stables et de bonne qualité sont souvent désignées sous le terme *growth bonds*, ce qui est inapproprié, mais contient une part de vérité. Si le rendement d'une obligation d'État est inférieur au rendement des bénéfices d'une action, l'action sera une opportunité d'investissement et *vice versa*, toutes choses étant égales.

Mais les choses ne sont *pas* toujours égales. En période d'inflation, les taux d'intérêt et les rendements obligataires ont tendance à monter. Quand la désinflation ou la déflation pure et simple s'installe, les taux et les rendements diminuent. Lorsque le rendement des bénéfices d'une entreprise *quality growth* se situe au-dessus de celui d'une obligation souveraine à duration longue, le marché signale ainsi que la pression déflationniste s'exerçant sur l'ensemble de l'économie aura probablement une incidence négative sur toutes les entreprises, qu'elles soient ou non endettées.

Il importe donc d'évaluer l'attrait d'un PER à la lumière des facteurs économiques régnant. Ces dernières années, les entreprises *quality growth* se sont négociées à des PER historiquement élevés, mais les rendements des bénéfices implicites sont restés bien supérieurs aux rendements obligataires comparables. Dans un monde où l'inflation est basse et la croissance faible, il n'est pas surprenant que les « *growth bonds* » se soient vus attribuer des notes élevées et aient procuré des rendements nettement supérieurs à ceux de bien d'autres types d'actions. Cependant, même dans le monde actuel qui connaît la pandémie de Covid-19 et une montée de l'inflation, les rendements des bénéfices des entreprises *quality growth* demeurent bien supérieurs aux rendements des obligations d'État, lesquels sont restés obstinément bas et ont surpris nombre d'observateurs et d'investisseurs.

Il faut aussi comparer le PER du moment avec les PER historiques de l'entreprise sur les dernières années pour évaluer si le marché boursier n'anticipe pas dans le cours actuel des actions un niveau trop élevé de croissance future attendue. Le PER rapporté au taux de croissance des bénéfices attendu est un ratio suivi par certains investisseurs. Les investisseurs britanniques en particulier semblent apprécier cette mesure appelée ratio PEG (*price/earnings to growth*). Un PEG inférieur à un est considéré comme un signal positif.

Un PER ne livre à lui seul presque aucune indication. La relation entre les bénéfices et les cours peut changer beaucoup. L'expérience montre que lorsque les PER se déplacent vers le haut de leur fourchette, les estimations de bénéfices sont souvent revues à la hausse, avec pour corollaire une diminution des PER et une vague d'achats. Inversement, lorsque les marchés baissent, les révisions à la baisse des bénéfices provoquent une augmentation des PER et une vague de ventes. Comme expliqué précédemment, il faut toujours comparer le rendement des bénéfices au rendement des bénéfices d'autres actifs, généralement sans risques, et à leurs évolutions passées.

Une analyse plus approfondie des entreprises *quality growth* révélerait d'autres éléments qui servent à justifier leurs PER apparemment élevés. Des rendements sur capitaux investis supérieurs à la moyenne, et les rendements incrémentaux correspondants, qui font plus que servir à financer des taux de croissance bénéficiaire supérieurs à la moyenne sont un élément essentiel. Un faible taux de distribution est un autre signe rassurant. Lorsque de faibles taux de distribution indiquent que l'entreprise réinvestit ses cash-flows excédentaires d'une manière productive qui améliore le rendement de ces investissements, les investisseurs *value*, qui ont une perspective de court terme, sont moins séduits par cette entreprise car ils recherchent des taux de distribution élevés et un rendement des dividendes élevé. L'horizon temporel de l'investisseur est ce qui différencie ces deux camps, ou styles d'investissement. Il existe aussi d'autres éléments, et tous ces éléments additionnés représentent la quintessence d'une entreprise *quality growth*.

La mesure de l'investissement sans risque

L'investisseur futé voudra en savoir plus sur le type d'investissements généralement considérés comme sans risque. Nous avons vu que l'emprunt d'État à dix ans est la référence la plus couramment utilisée. Bien que cela soit loin d'être impossible, il est improbable qu'un des États des économies occidentales avancées se déclare en cessation de paiements dans un futur proche. La dernière décennie montre que les banques centrales occidentales créeront toujours de la monnaie pour assurer le bon fonctionnement du marché secondaire afin que les États puissent y émettre des emprunts. On ne saurait cependant exclure la possibilité que les souscripteurs d'emprunts émis par des États occidentaux, ou autres, puissent subir une perte en capital définitive, totale ou partielle.

Dans des conditions normales, le PER des entreprises *quality growth* devrait être supérieur à celui des emprunts d'État. Dans le contexte actuel de rendements obligataires faibles, voire négatifs, les placements à taux fixe sont encore plus onéreux qu'en temps normal, aussi peut-on s'attendre à ce que les actions *quality growth* présentent également des valorisations plus élevées. Les PER de ce type d'actions sont peut-être plus élevés que par le passé, mais l'environnement de marché le justifie.

L'investisseur *quality growth* ne doit jamais oublier la relation générale qui unit investissements en actions et investissements à revenu fixe. Les taux obligataires représentent le prix de l'argent et sont un déterminant majeur de la valorisation des actions. Si le cours des obligations ne réagit pas à l'évolution du cours des actions dans l'ensemble, l'inverse n'est pas vrai. Le cours des actions est le reflet du cours des obligations. Les obligations pourraient exister sans les actions, mais le cours des actions ne pourrait exister sans les obligations.

Cela signifie que même l'investisseur *quality growth* ne peut se permettre totalement d'ignorer le marché obligataire. Ce dernier est un baromètre utile pour juger de la valorisation d'une entreprise *quality growth*. Lorsque le cours des obligations est élevé, mais qu'un portefeuille d'entreprises *quality growth* se négocie à un faible multiple des bénéfices, c'est le signe que quelque chose va céder. Si le cours des obligations s'effondre et si la hausse des rendements qui en résulte fait s'accroître le cours des actions, l'investisseur peut raisonnablement s'attendre à ce que le risque associé aux actions ait augmenté.

En conclusion, il est important que l'investisseur *quality growth* sorte des schémas de réflexion classiques sur la valorisation. Au moment où nous rédigeons cet ouvrage, après plus de dix ans de hausse largement ininterrompue des marchés, des alarmistes prédisent un nouveau désastre financier, comme ils le font depuis plus de deux ans au moins. Leur principal argument est que les marchés d'actions sont trop chers, qu'une bulle s'est formée. (Une bulle est définie par certains comme étant une opportunité d'investissement manquée quelle que soit la classe d'actifs, et est souvent décrite ainsi par les investisseurs qui ont fui à tort le marché.) Selon eux, les marchés d'actions ont effectué un si beau parcours qu'ils vont forcément chuter. Une analyse plus approfondie des faits, en ce qui concerne les entreprises *quality growth*, pourrait bien conduire à une conclusion différente.

Mise en pratique

L'analyse détaillée de toute entreprise susceptible d'entrer dans la composition du portefeuille *quality growth* comprendra une projection détaillée des bénéfices, actualisés en employant le taux qu'il convient pour calculer la valeur actuelle de ces bénéfices futurs. La valorisation et le taux d'actualisation utilisé devront être appréciés à la lumière de l'environnement du marché, en prenant en considération notamment les perspectives en matière d'inflation, de taux d'intérêt et de croissance économique. L'exemple ci-dessous montre le type d'analyse que l'investisseur *quality growth* s'attachera à produire. L'exemple est fictif, mais il n'est pas incompatible avec le type d'entreprises qui composent notre univers. Remarquons que le taux d'actualisation employé en l'occurrence est de 7,5 %.

Société X – exemple fictif

Société X	
Cours	28,4
Objectif de cours	29
Hausse / (Baisse)	2 %
Cap. boursière (m)	24,8
Clôture de l'exercice	Décembre
Analyste	X
Mise à jour le	28-juin-19

	DCF	PE hist.	VE/RE hist.	VE/CA hist.	PE fwd	VE/EBE implicite	SDP	Comp. PE fwd	Comp. VE/RE fwd
	31				27				
Utilisé	Oui	Non	Non	Non	Oui	Non	Non	Non	Non

Compte de résultats	2014	2015	2016	2017	2018	2019	2020e	2021e	2022e	2023e	2024e	TCAC hist. 5 ans	TCAC prév. 5 ans
Revenus	100	102	114	132	158	178	200	225	249	273	297	12 %	10%
Bénéfices bruts													
EBE	57	58	65	75	82	106	121	137	153	169	185	13 %	11 %
RE	54	54	61	70	77	101	115	131	147	163	178	13 %	12 %
Bénéfices avant impôt	54	53	60	69	76	100	115	130	146	162	177	13 %	12 %
Résultat net courant	38	41	44	52	72	81	95	108	121	134	147	16 %	12 %
BPA récurrent (entièrement dilué)	0,38	0,42	0,47	0,57	0,81	0,93	1,11	1,28	1,46	1,64	1,82	19 %	14 %
Dividende	0,05	0,07	0,07	0,07	0,1	0,13	0,14	0,16	0,18	0,21	0,23	22 %	11 %

Bilan et Cash Flow	2014	2015	2016	2017	2018	2019	2020e	2021e	2022e	2023e	2024e	CM hist. 5 ans	CM prév. 5 ans
Dette nette (-)/ Cash (+)	46	31	29	21	17	16	17	18	20	23	26	29	19
Dette nette / Fonds propres (%)	72 %	57 %	56 %	33 %	33 %	22 %	20 %	18 %	16 %	16 %	14 %	52 %	18 %
Dette nette / EBE (x)	0,8	0,5	0,4	0,2	0,2	0,1	0,1	0,1	0,1	0,1	0,1	0,5	0,1
Dette nette / FCF (x)	0,6	0,9	0,8	0,4	0,4	0,2	0,1	0,1	0,1	0,1	0,2	0,8	0, 1
Conversion en cash (%)	85 %	95 %	100 %	107 %	84 %	116 %	115 %	114 %	114 %	114 %	113 %	94 %	114 %

Ratios (%)	2014	2015	2016	2017	2018	2019	2020e	2021e	2022e	2023e	2024e	CM hist. 5 ans	CM prév. 5 ans
Marge brute (%)													
Marge EBE (%)	57,5 %	56, 3%	56,9 %	56,5 %	51,8 %	59,6 %	60,4 %	61,1 %	61,5 %	61,9 %	62,2 %	55,8 %	60,9 %
Marge RE (%)	54,1 %	52,5 %	53,5 %	53 %	48,7 %	56,7 %	57,6 %	58,4 %	59 %	59,5 %	59,9 %	52,4 %	58,2 %
Marge bénéficiaire sous-jacente	38,3 %	40,4 %	38,5 %	39,3 %	45,4 %	45,8 %	47,4 %	48,1 %	48,6 %	49,1 %	49,4 %	40,4 %	47,8 %
FDR / CA (%)	7,3 %	6,3 %	7,5 %	8,3 %	11,6 %	12,4 %	12,7 %	13 %	13,3 %	13,6 %	13,9 %	8,2 %	13 %
Capex/ CA (%)	3,5 %	3,5 %	3,5 %	3,4 %	3,4 %	3,5 %	3,5 %	3,5 %	3,5 %	3,5 %	3,5 %	3,5 %	3,5 %
RCI	45,3 %	44,7 %	41,5 %	45,3 %	60 %	66,1 %	73,7 %	74,4 %	73,9 %	72,8 %	70,9 %	47,4 %	72,2 %

Taux de croissance (GA %)	2014	2015	2016	2017	2018	2019	2020e	2021e	2022e	2023e	2024e	CM hist. 5 ans	CM prév. 5 ans
CA	13,6 %	2,4 %	11,5 %	16 %	19,6 %	12,1 %	12,9 %	12,1 %	10,9 %	9,7 %	8,6 %	13 %	12 %
RE	13,4 %	– 0,5 %	13,5 %	14,9 %	10 %	30,5 %	14,7 %	13,6 %	12 %	10,6 %	9,3 %	10 %	16 %
BPA sous-jacent	20,6 %	7,9 %	6,2 %	18,4 %	38,5 %	13,1 %	16,9 %	13,7 %	12,1 %	10,7 %	9,3 %	18 %	13 %

Valorisation	2014	2015	2016	2017	2018	2019	2020e	2021e	2022e	2023e	2024e	CM hist. 5 ans	CM prév. 5 ans
Cours	9,6	11	10,5	13,2	20,2	28,4	29,3	29,7	30,1	30,5	30,8		
Nombre d'actions	100	97	94	92	89	87	86	84	83	82	81		
PE forward (x)	25,1	25,9	22,6	23,3	25,1	30,5	26,4	23,2	20,6	18,6	16,9	24,4	23,9
VE/EBE (X)	17,6	19,6	18	22,5	25,1	27,7	23,7	20,6	18,1	16,1	14,6	20,6	21,2
VE/RE (X)	18,7	21,1	19,1	24	26,7	29,1	24,8	21,5	18,9	16,8	15,2	21,9	22,2
Rendement FCF (%)	3,1 %	3,4 %	3,7 %	3,2 %	2,9 %	3,2 %	3,8 %	4,3 %	4,9 %	5,5 %	5,3 %	3,2 %	4,4 %
Rendement dividende (%)	0,5 %	0,7 %	0,7 %	0,6 %	0,5 %	0,5 %	0,6 %	0,6 %	0,7 %	0,8 %	0,9 %	0,6 %	0,7 %

Taux sans risque	3,5 %
Bêta	1
Taux d'actualisation	7,5 %
Taux de croissance perpétuelle	2,5 %
PE forward	25,8
PE forward, année	2023
VE/EBE implicite	
VE/EBE implicite, année	

BPA : bénéfice par action ; CA : chiffre d'affaires ; Capex : dépenses en capital fixe ; CM hist. 5 ans : croissance moyenne historique sur les 5 dernières années ; CM prév. 5 ans : croissance moyenne, prévision sur 5 ans ; Comp. PE fwd : PE des bénéfices de l'année prochaine des entreprises comparables dans le même secteur ; DCF : cash-flow actualisé ; EBE : excédent brut d'exploitation ; FCF : free cash flow (trésorerie disponible) ; FDR : fonds de roulement ; Fwd : forward ; GA : glissement annuel ; Hist. : historique ; PE : price earnings ratio ; RE : résultat d'exploitation ; SDP : somme des parties ; TCAC hist. 5 ans : taux de croissance annuel composé historique sur les 5 dernières années ; TCAC prév. 5 ans : taux de croissance annuel composé prévisionnel sur 5 ans ; VE : valeur d'entreprise.

Source : Seilern Investment Management

Cinq actions *quality growth* reposant sur de fortes convictions

Pour être mise en portefeuille, une valeur doit satisfaire à chacune de nos règles d'or. Voici cinq exemples d'entreprises qui avaient réussi ce test exigeant à la mi-2019, accompagnés de brefs commentaires expliquant en quoi elles remplissent les conditions requises. Le premier graphique illustre la performance collective de ces cinq valeurs sur la période 2006-2019, qui comprend la phase baissière du marché observée de 2007 à 2009.

Performance de cinq actions reposant sur de fortes convictions *versus* MSCI World TR

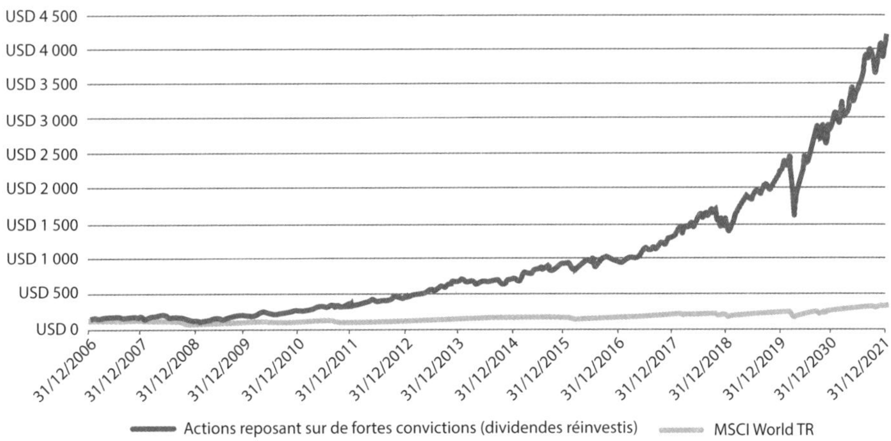

Source : Seilern Investment Management, Bloomberg

Rightmove

Dans certains secteurs, il existe de puissants effets de réseau qui peuvent conduire à concentrer la valeur du secteur entre les mains d'une poignée d'entreprises. L'un d'entre eux est le secteur des annonces immobilières en ligne. Les entreprises leaders se sont positionnées comme le réceptacle *de facto* des annonces immobilières en ligne, réputation qui attire du trafic vers leur plateforme, les rend plus attrayantes aux yeux des annonceurs immobiliers et consolide leur avantage concurrentiel. C'est la position dont Rightmove bénéficie au Royaume-Uni. Fondée à l'origine par un consortium d'agents immobiliers puis cédée, Rightmove a créé une base de données de biens immobiliers dont la consultation constitue souvent la première étape vers l'achat d'un logement. Malgré les nombreuses tentatives faites pour ébranler sa position, Rightmove a conservé une part de marché élevée et stable et règne en maître sur les prix ; depuis son entrée en Bourse, l'entreprise n'a jamais baissé ses commissions. Ses revenus couvrent confortablement les frais de maintien et de mise à jour de sa plateforme. Cela laisse à Rightmove une bonne marge bénéficiaire, créant ainsi l'assise nécessaire pour générer un rendement des capitaux investis élevé, signe caractéristique d'une entreprise *quality growth*.

Rightmove (GBP, rendement total)

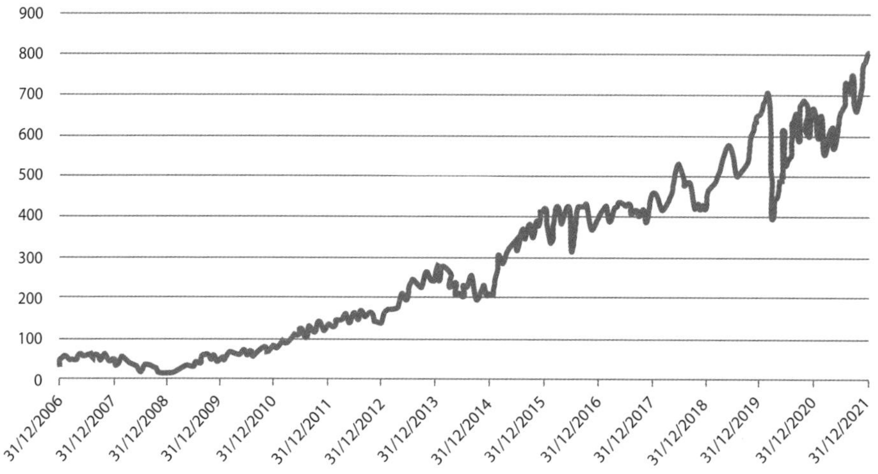

Source : Bloomberg

Mastercard

Les entreprises *quality growth* sont souvent portées par de puissantes dynamiques de croissance séculaires. C'est le cas de Mastercard, qui bénéficie du passage au paiement électronique. En effet, 80 % des transactions des consommateurs étant encore effectuées en liquide dans le monde, l'adoption grandissante de ce mode de paiement peut continuer à nourrir une croissance sectorielle supérieure pendant de nombreuses années encore. Avec plus de 2,5 milliards de cartes émises en 2018, Mastercard opère maintenant à si grande échelle que les commerçants sont obligés d'accepter ses fameux disques rouge et bleu s'ils veulent accepter les paiements électroniques. Visa est dans le même cas de figure. Les effets de réseau découlant de cette échelle constituent un obstacle majeur à l'entrée sur le marché. Résultat : la myriade de nouvelles *fintechs*, que l'on pourrait considérer logiquement comme des menaces pour les mastodontes en place, ont fini dans leur grande majorité par conclure des partenariats avec eux. Mastercard et Visa sont en effet les propriétaires des voies ferrées sur lesquelles les trains des paiements internationaux circulent. Comme ces deux entreprises fournissent à leurs clients (commerçants et banques) un service qui leur est essentiel et qui leur coûte une fraction du total de la transaction, elles sont en mesure de faire passer des hausses de prix annuelles. Non seulement elles y parviennent, mais en plus elles ont un modèle économique léger en actifs. C'est pourquoi elles génèrent un rendement des capitaux investis impressionnant et ont au bilan une position de trésorerie nette positive depuis vingt ans. C'est un point particulièrement important, car un solide bilan est un des traits caractéristiques des investissements qui se comportent plus comme une tortue (heureuse d'utiliser ses revenus propres en les réinvestissant dans l'entreprise au fil du temps de manière sécurisée) que comme un lièvre (qui prend des risques en s'endettant).

Mastercard (USD, rendement total)

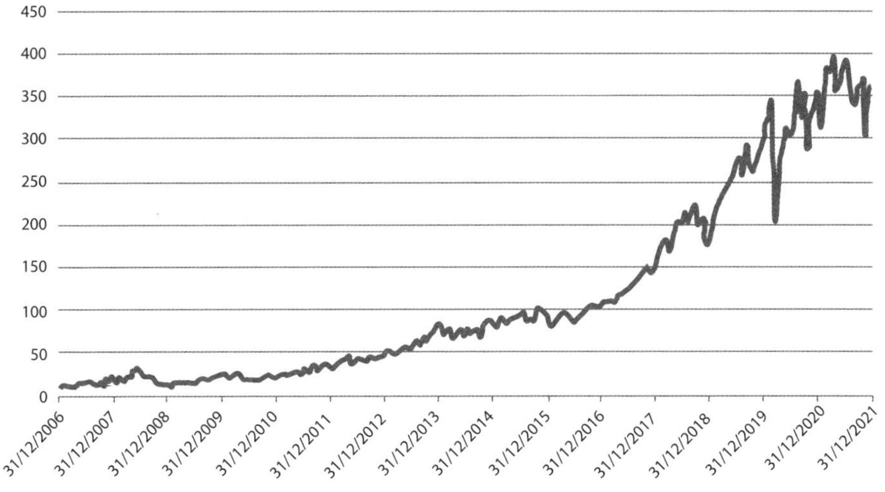

Source : Bloomberg

Estée Lauder

Estée Lauder est le leader mondial et le seul *pure player* du secteur des produits de beauté prestigieux, secteur qui bénéficie de facteurs sociaux et démographiques très favorables. Cette situation s'accompagne d'un certain nombre d'avantages que nous apprécions beaucoup. Avant tout, c'est un secteur en expansion, ce qui crée des conditions propices au développement de l'entreprise. Sa croissance est principalement tirée par l'essor de la classe moyenne en Asie et par l'obsession des nouvelles générations pour les selfies, deux clientèles qui achètent nettement plus de produits de maquillage. En plus de ces vents porteurs, Estée Lauder peut mettre à profit l'attrait exercé par ses marques prestigieuses pour augmenter ses prix régulièrement chaque année, ce qui est une situation idéale pour croître. En outre, Estée Lauder a développé un modèle économique très simple et flexible. En s'appuyant sur toutes les données collectées au sein de son réseau, l'entreprise a mis au point un algorithme qui identifie les régions, segments ou canaux de distribution qui présentent un potentiel de croissance supérieur. Elle a utilisé cet outil pour concevoir un modèle *plug-and-play* selon lequel elle acquiert de petites entreprises qui bénéficient d'un vent porteur et les intègre à son large réseau de distribution mondial. Ainsi, ces intéressantes acquisitions *bolt-on* stimulent une croissance organique déjà robuste. Pour toute entreprise *quality growth* digne de ce nom, pérenniser sa croissance est de la plus haute importance. Dans le cas d'Estée Lauder, la puissance de son large portefeuille de marques, sa présence mondiale et son modèle économique flexible constituent un avantage concurrentiel considérable et durable. Cela garantit qu'Estée Lauder continuera d'enregistrer une croissance durable dans les années à venir.

Estée Lauder (USD, rendement total)

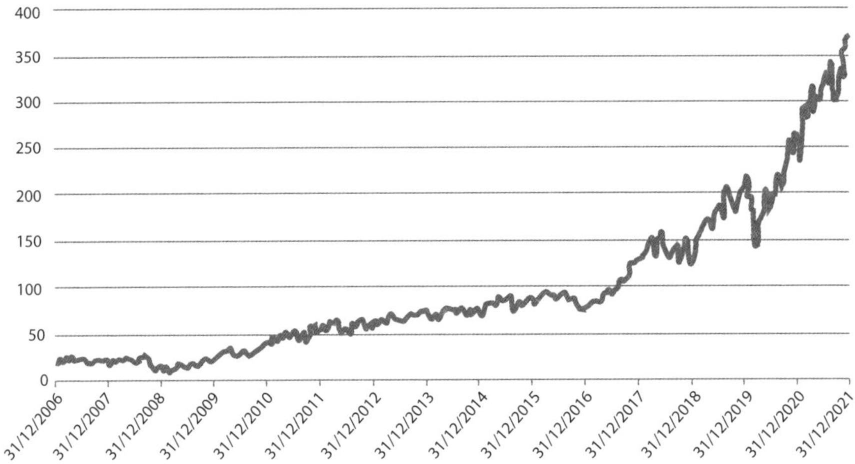

Source : Bloomberg

Dassault Systèmes

Dassault Systèmes est le premier fabricant mondial de logiciels de conception assistée par ordinateur et de logiciels de gestion du cycle de vie des produits, destinés aux organisations axées sur les produits. Dassault opère dans un secteur en expansion porté par une forte tendance séculaire, à savoir la généralisation du numérique dans les processus des entreprises. Ses logiciels sont considérés comme cruciaux, car sa clientèle d'ingénieurs ne pourrait tout simplement pas s'acquitter de ses tâches quotidiennes si elle n'en disposait pas. Par exemple, les ingénieurs ne pourraient pas concevoir des produits complexes comme les avions et les voitures. En outre, ces logiciels représentent pour ses clients (par exemple, Boeing) une très faible partie du coût total de fabrication de leurs produits, qui sont onéreux. Ils sont intégrés en profondeur aux systèmes d'exploitation de ses clients, ce qui confère à Dassault un pouvoir de fixation des prix fort et durable. C'est important, car cela permet à l'entreprise de préserver ses bénéfices tant dans un contexte inflationniste que dans un contexte déflationniste. De plus, comme Dassault vend ses logiciels principalement sous licence perpétuelle, le niveau de ses revenus récurrents est élevé. Cela lui a permis d'investir à long terme dans des opportunités de croissance durable, quelles que soient les difficultés présentées par l'environnement macroéconomique. Dassault est une entreprise hautement rentable qui, depuis son entrée en Bourse en 1996, affiche une position de trésorerie nette excédentaire à son bilan, ce qui en fait un placement intéressant.

Dassault Systèmes (EUR, rendement total)

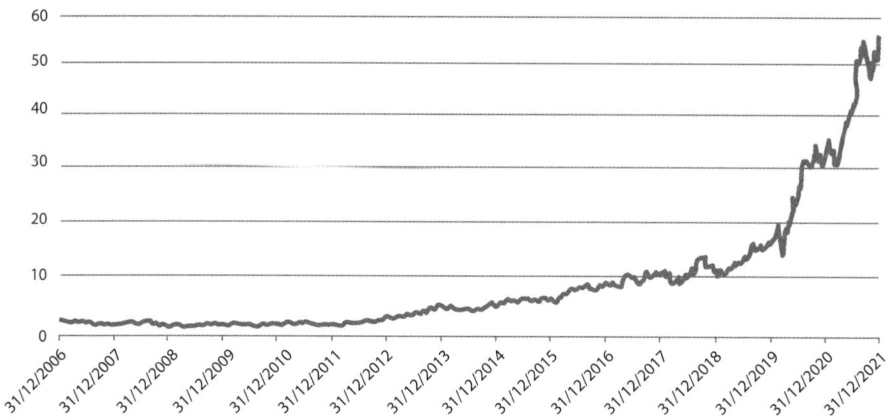

Source : Bloomberg

West Pharmaceutical Services

West Pharmaceutical Services constitue une attrayante opportunité d'investissement sur le long terme car la société détient la plus grande part du marché dans un secteur bénéficiant de vecteurs de croissance structurelle clairs. West opère dans le secteur des emballages pour médicaments injectables, où elle est le premier fabricant mondial de composants indispensables et d'un coût modique, comme les bouchons en caoutchouc et les capsules utilisés dans les systèmes de distribution tels que les flacons et les seringues. Les principaux moteurs de croissance du secteur sont l'augmentation de la prévalence des maladies chroniques et auto-immunes dans le monde, les avancées technologiques dans les domaines des produits biologiques et des seringues préremplies, le vieillissement démographique et l'augmentation de la demande de médicaments autoadministrables chez soi. Lorsque l'on investit dans ce secteur, il importe donc de rechercher des entreprises qui font partie de la solution, et non du problème. Autrement dit, il faut chercher des entreprises qui contribuent à diminuer le coût des soins de santé ou des entreprises qui fournissent des produits d'un coût modique, mais essentiels à une mission. West est l'une d'entre elles.

Elle dispose d'un avantage concurrentiel majeur qui constitue un obstacle durable pour ses rivales : ses produits sont conformes au processus de livraison finale des médicaments approuvé par les autorités de régulation compétentes, ce qui signifie pour une société pharmaceutique que remplacer West par un autre fournisseur est onéreux, compliqué et généralement non viable commercialement. Cela assure à West des flus de revenus sur le très long terme, jusqu'à trente ans. Ses produits étant indispensables, l'entreprise est en mesure de défendre les prix qu'elle pratique, même lorsque le secteur est soumis à des tensions extrêmes. Elle est donc extrêmement bien placée pour bénéficier des évolutions favorables dans le secteur des soins de santé, tout en étant protégée contre les pressions visant à faire baisser les prix et celles liées à la chute brutale des recettes due à l'expiration de brevets.

West Pharmaceutical Services (USD, rendement total)

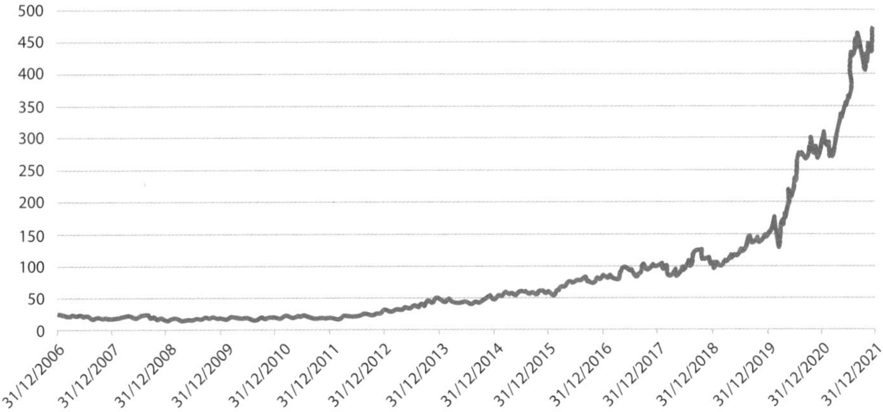

Source : Bloomberg

Partie III

QUAND ET OÙ

Chapitre 6
L'approche *quality growth* à l'épreuve des faits

En matière d'investissement, comme dans de nombreux autres domaines, aucune loi de la nature n'exige que tout le monde investisse de la même manière. Il y a de nombreuses façons de procéder. L'investisseur *quality growth* sera convaincu par tempérament et par expérience que ceux disposés à adopter son approche bénéficieront d'un meilleur couple risque-rendement. Cependant, quels sont les mérites et risques des autres approches, dont beaucoup sont tout aussi populaires aujourd'hui, si ce n'est plus ? Dans ce chapitre, je formule des observations sur cette importante question.

Le mirage du rendement des dividendes

Depuis la crise financière mondiale, face à des taux d'intérêt à leurs niveaux les plus bas dans l'histoire récente, la recherche de revenus, ou rendements, est devenu un trait dominant du comportement des investisseurs. Dans le cas des fonds de pension et des compagnies d'assurances, cette recherche découle des obligations imposées par les autorités de régulation de leur secteur. Cependant, l'investisseur *quality growth* considère les dividendes avec méfiance. En effet, les revenus du capital investi qui sont distribués sous la forme de dividendes sont partis pour de bon. L'argent versé aux actionnaires ne peut plus être réinvesti par l'entreprise pour générer de nouveaux revenus. Comme nous l'avons vu, l'effet cumulatif du réinvestissement des cash-flows à des taux de rendement élevés contribue considérablement aux résultats supérieurs obtenus par l'investissement *quality growth*.

En outre, le chiffre brut du rendement des dividendes peut être trompeur. En 2013 et en 2014, les sociétés de services d'intérêt public ont surperformé l'indice boursier de 12 %, écart considérable. Leur PER a augmenté en conséquence, suggérant que le potentiel de croissance de ces sociétés avait été fortement revu à la hausse. Or, en réalité, la surperformance s'expliquait simplement par le fait que des fonds de placement en quête de rendement dans le nouveau contexte de taux d'intérêt bas avaient investi massivement dans ces sociétés. Les sociétés de services d'intérêt public elles-mêmes n'étaient ni meilleures ni pires qu'avant en tant qu'entreprises. De surcroît, elles demeuraient exposées aux variations des taux d'intérêt, à la hausse ou à la baisse.

Les investisseurs sont souvent aveuglés par l'attrait superficiel d'un rendement des dividendes élevé. Ceux partisans d'investir dans des entreprises qui versent des dividendes soulignent que cela présente des avantages fiscaux pour l'investisseur, puisque le rendement des dividendes est souvent moins taxé que d'autres types d'investissement. L'investisseur *quality growth*, dont l'horizon temporel est illimité, estime quant à lui que les considérations fiscales devraient être reléguées à l'arrière-plan. Pour lui, la fiscalité ne doit pas donner le ton à l'investissement.

Lorsqu'une entreprise s'aperçoit qu'elle ne peut plus générer un rendement des capitaux adéquat, elle peut être tentée d'augmenter les dividendes ou de racheter ses actions pour continuer à satisfaire ses actionnaires. Certaines entreprises émettent des obligations dans le seul but de payer les dividendes, avançant souvent l'argument selon lequel c'est le moment idéal pour contracter ce type d'emprunt car l'argent est actuellement bon marché. Bien des actionnaires se laissent prendre sans un murmure à ce miroir aux alouettes. En fin de compte, cependant, ils devront payer le prix du mirage des dividendes, sous la forme soit d'une lente érosion de leurs rendements soit d'une augmentation du coût de la dette, en termes nominaux ou réels.

Pour l'investisseur *quality growth*, des dividendes ne devraient être versés qu'une fois épuisés tous les autres moyens d'assurer une croissance cumulée des bénéfices sur les cinq à dix prochaines années. En effet, lorsque le taux de distribution d'une entreprise commence à grimper, ce peut être le signe avant-coureur que l'entreprise est à bout de souffle – autrement dit sa croissance se ralentira, puis s'éteindra. Comme la Bourse joue un rôle d'indicateur avancé, elle aura anticipé cette situation bien avant que l'investisseur ne réalise ce qui se passe. Le PER aura très probablement diminué pour refléter l'érosion future de la capacité de l'entreprise à générer des bénéfices. La combinaison PER faible et rendement des dividendes élevé semblera très attrayante, mais en réalité les actions seront devenues un piège à valeur.

C'est encore pire lorsque l'entreprise finance les dividendes par émission de droits de souscription, en levant des fonds auprès des actionnaires pour continuer à leur verser régulièrement des revenus. Non seulement l'actionnaire doit puiser dans ses capitaux pour se payer des dividendes, en transférant l'argent d'une poche à l'autre, mais en plus les nouvelles actions dilueront inévitablement la valeur des bénéfices par action existants. Les actions proposées lors de ce type d'augmentation du capital sont généralement émises avec une décote attrayante par rapport au cours boursier du moment, ce qui exerce une pression injustifiée sur la valeur de l'ensemble des actions.

Engouements du marché

L'investissement *quality growth* consiste à trouver les entreprises championnes sur le long terme, capables de générer des rendements élevés sur une période prolongée. Concrètement, cela consiste aussi à éviter les secteurs et les entreprises ayant de plus mauvais couples risque-rendement. Il arrive qu'un nouveau phénomène économique ou social enthousiasme ou obsède les marchés. La façon dont le commerce électronique a remplacé les modèles économiques traditionnels de nombreuses marques de produits de consommation en est une illustration éloquente. Les plateformes en ligne sont un moyen plus rapide, plus facile et souvent meilleur marché d'atteindre les consommateurs.

Des innovations comme le téléphone mobile ou le premier robot peuvent déclencher des vagues d'innovation dans de nombreux secteurs et toucher bien des aspects de la vie. De prime abord, les entreprises qui détectent ces nouvelles tendances et les mettent à profit sembleront réunir toutes les caractéristiques d'une bonne entreprise *quality growth*. Toutefois, à mesure que le temps passe et que d'autres producteurs prennent le train en marche, l'entreprise perdra les deux caractéristiques cruciales que sont le pouvoir de fixation des prix et la croissance organique, puis elle perdra aussi d'autres caractéristiques. Les idées avant-gardistes finissent souvent par se répandre au point de se banaliser.

D'autres tendances nettes s'observent de nos jours, comme le vieillissement démographique, qui, entre autres, fait grimper la demande de résidences médicalisées et de soins dentaires. On peut également citer l'obésité, qui a diverses conséquences comme le diabète et la nécessité de poser des prothèses de hanche ou de genou. Il y a aussi les paiements scripturaux, le commerce en ligne et la robotique. Les entreprises les plus performantes anticiperont les nouvelles tendances avant qu'elles ne se généralisent. Celles ayant l'avantage d'être des pionnières pourront creuser un fossé entre elles et leurs futurs concurrents. Avec le temps, ces entreprises confortent leur position sur le marché et leur taux de pénétration et créent d'importants obstacles à l'entrée d'éventuels concurrents. Il est difficile aujourd'hui d'imaginer des entreprises capables de rivaliser avec Facebook ou Mastercard et Visa, du moins pour le moment.

Cela dit, si des tendances naissent, d'autres disparaissent. À une époque la mainmise d'Apple sur le marché des smartphones semblait irréversible et le potentiel de ventes d'Apple dans le monde illimité. La réalité fut différente. La pénétration des marchés parvint à saturation, et aujourd'hui Apple est confronté à une concurrence meilleur marché. Lorsqu'une tendance paraît s'essouffler, la Bourse aura déjà prédit le ralentissement de la croissance du secteur ou de l'entreprise concerné(e). Sans que les acteurs du marché ne se l'expliquent, le PER de ces entreprises aura diminué. Nombre d'entre eux en profiteront pour acquérir des actions de ces entreprises. Comme la tendance arrive à son terme, cependant, la raison première pour laquelle ces actions ont été valorisées comme investissement *quality growth* disparaît avec elle. Là encore, les actions seront devenues un piège à valeur. La métamorphose de l'entreprise *quality growth* en piège à valeur entraîne généralement une perte en capital définitive pour l'investisseur qui se concentre de plus en plus sur la valorisation quand le cours de l'action baisse. Cet investisseur interprète souvent mal cette baisse de cours, considérant qu'elle lui offre une nouvelle occasion d'investir en espérant que la croissance de qualité se poursuivra. Mais son espoir se révélera vain : il aura donné tête baissée dans le piège et essuiera une perte en capital définitive.

L'histoire de la Bourse fourmille d'exemples de ce type. Et cela ne changera pas. C'est une caractéristique immuable du marché : il a toujours le dernier mot face à ses intervenants. Nous reviendrons plus loin sur ce point.

En revanche, l'investisseur *quality growth* peut déjouer ce piège puisqu'il examine périodiquement les fondamentaux des entreprises dans lesquelles il investit et que, pour lui, ces fondamentaux priment sur l'évolution de leur cours de Bourse.

Gestion active *versus* gestion passive

Prise dans son ensemble, la Bourse mérite le respect illimité des investisseurs pour sa prescience. Sa capacité à anticiper le futur est sa principale force. C'est ce que l'on appelle le « mystère de la Bourse », phénomène rarement compris qui fait beaucoup parler de lui. On ne peut pas en dire autant des divers investisseurs qui forment collectivement le marché. La majorité d'entre eux, professionnels compris, éprouvent de grandes difficultés à garder une longueur d'avance. Seule une petite minorité d'investisseurs génèrent régulièrement des rendements supérieurs à l'indice boursier qu'ils s'efforcent de battre.

Une des tendances les plus notables de ces vingt dernières années est la montée en puissance des fonds passifs comme solutions d'investissement. À l'opposé d'une gestion active, l'investisseur passif ne cherche pas à obtenir des rendements supérieurs à son indice de référence. Il investit dans un fonds indiciel ayant pour seul objectif de répliquer la performance de cet indice de référence. Le grand avantage d'un fonds indiciel est que son coût de fonctionnement est habituellement sensiblement inférieur à celui d'un fonds géré activement, car toutes ses transactions sont organisées et effectuées selon un processus informatique. Nul besoin de recourir aux coûteux services d'un gérant de fonds en chair et en os pour sélectionner les titres.

L'essor de la gestion de fonds passive tient notamment au fait qu'aujourd'hui d'abondantes données montrent qu'en moyenne la majorité des fonds gérés activement ne produisent pas de rendements supérieurs à ceux de l'indice ou de l'indicateur de référence qu'ils doivent battre. La différence de coût est un facteur explicatif important. Les fonds indiciels, gérés passivement par ordinateur, tendent à se classer régulièrement dans le deuxième quartile du tableau des performances sur des périodes de cinq ans ou plus. Un nombre grandissant d'investisseurs sont arrivés à la conclusion qu'être sûr d'égaler l'indice boursier est une façon plus lucrative d'investir leur argent que de tenter leur chance en s'efforçant de trouver les quelques gérants de fonds humains et plus coûteux qui sont capables de faire mieux que les fonds indiciels avec lesquels ils sont en concurrence.

Le défi à relever par un gérant de fonds actif s'incarne dans l'indice en regard duquel sa performance est mesurée. L'indice boursier retenu (il en existe de nombreux) devient un indice de référence et une limite que le gérant s'emploiera à dépasser. Cet indice boursier, disons le S&P 500, se compose d'un certain nombre d'entreprises dont le poids dans l'indice est déterminé par leur capitalisation boursière relative. Par exemple, les sociétés de services financiers n'auront pas le même poids que les constructeurs automobiles ou les producteurs de matières premières. Le poids d'une banque différera de celle d'une autre banque. Il en sera de même pour les compagnies d'assurances, les entreprises technologiques, les entreprises industrielles et ainsi de suite.

Un gérant de fonds doit bien connaître la pondération des différents secteurs et entreprises composant l'indice qu'il suit. S'il est plus optimiste sur un secteur que sur un autre, il le surpondérera dans son portefeuille. Si les banques pèsent, disons, 40 % dans l'indice de référence, le gérant de fonds leur attribuera un poids plus élevé ou plus faible que cela, selon qu'il table sur une hausse ou une baisse du secteur bancaire. Il cherche à obtenir un rendement supérieur à celui offert par l'indice, en ajustant les pondérations au sein de son portefeuille de manière à parvenir à un meilleur résultat. Dans cette quête, il doit, au minimum, couvrir les frais inhérents à la gestion active d'un portefeuille. Ces frais sont les frais de recherche et les frais d'achat et de vente des actions composant le portefeuille.

Si les fonds indiciels étaient gérés en menant des recherches aussi intensives que celles requises pour l'investisseur *quality growth*, ce serait une tâche herculéenne. Un indice, par définition, comprend toutes les entreprises qui constituent un marché particulier ou un secteur boursier particulier, c'est-à-dire des centaines de noms différents. Étudier attentivement les perspectives de bénéfices de chacune de ces entreprises, acquérir une connaissance approfondie du management, examiner des centaines de rapports et de comptes, etc., est pratiquement impossible. Les fonds indiciels contournent ce problème en utilisant un ordinateur pour se contenter de répliquer toutes les valeurs d'un indice, en les pondérant par la part qu'elles représentent dans cet indice au moment considéré. La beauté de la chose est qu'il n'y a pas besoin de mener quelque recherche fondamentale que ce soit.

L'incapacité de la majorité des gérants de fonds actifs à battre leur indice de référence a contribué à une forte augmentation des flux de capitaux s'investissant dans des fonds gérés passivement, en particulier dans des *Exchange Traded Funds* (ETF). Ces derniers sont essentiellement des fonds passifs à faible coût qui fonctionnent mécaniquement, presque sans intervention d'un être humain. Les critiques formulées à l'encontre de la gestion active de fonds ne sont pas toujours justifiées. Certains gérants de fonds actifs obtiennent de bons résultats, bien que la pression exercée sur les commissions qu'ils facturent n'ait pas fléchi. Fidelity, un des premiers groupes mondiaux de gestion de fonds, a récemment lancé un nouveau fonds indiciel qui ne prélève aucune commission de gestion. Un autre nouveau fonds indiciel verse à l'investisseur une petite somme au lieu de facturer une commission.

Le problème en ce qui concerne les fonds indiciels est que, même si leurs coûts de fonctionnement sont faibles, les commissions sont tombées à un niveau si bas que les sociétés qui proposent ces fonds risquent de perdre de l'argent. Or elles doivent gagner de l'argent d'une façon ou d'une autre, en utilisant les actifs des fonds. Le moyen le plus couramment employé par les gérants de ces fonds pour assurer leur subsistance consiste à prêter des titres. Il s'agit de prêter, moyennant une commission, une partie des titres détenus par le fonds à des tiers, lesquels espèrent gagner de l'argent en prenant une position vendeuse sur ces titres. Autrement dit, ces tiers vendent à un moment *t* ces titres qu'ils livreront ultérieurement, en espérant pouvoir les acheter sur le marché moins cher entre leur date de vente et leur date de livraison (c'est ce que l'on appelle la vente à découvert). Le prêt de titres est un processus complexe qui est mis en œuvre par le dépositaire du fonds, ou par un autre prestataire de services, contre rémunération.

La pratique consistant à prêter des titres à un tiers qui les vendra à découvert est un sujet d'inquiétude pour diverses raisons. Premièrement, les dix règles d'or de l'investissement *quality growth* sont très claires en matière d'endettement de l'entreprise. Les mêmes principes s'appliquent en matière de prêt. De même qu'il renoncera à acquérir des actions d'une entreprise endettée, l'investisseur *quality growth* s'abstiendra de prêter à ce type d'emprunteur. Peu importe que le produit du prêt revête la forme de titres ou d'espèces ou que le prêt bénéficie ou non d'une garantie. Un prêt est un prêt.

Deuxièmement, prêter des titres signifie que le gérant du fonds (ou l'investisseur) entre dans une relation commerciale avec un tiers dont la philosophie d'investissement est aux antipodes de celle de l'investisseur *quality growth*. Non seulement l'emprunteur ne s'intéresse pas aux perspectives à long terme de l'entreprise concernée, mais en outre il exercera une pression à la baisse sur le cours des actions en les vendant à découvert, ce qui nuira à l'actionnaire qui en détient. S'agissant du vote aux assemblées générales des actionnaires, le prêteur abandonne son droit de vote à un emprunteur qui veut faire baisser le cours de l'action. C'est à l'opposé de ce qu'un vrai actionnaire *quality growth* ferait.

Troisièmement, le gérant du fonds (ou l'investisseur) accorde un prêt de titres à un emprunteur dont le risque en cas de baisse, ou risque de perte en capital définitive, est impossible à quantifier. En effet, autant un investisseur qui a acheté des titres sait avec précision le montant maximal qu'il risque de perdre définitivement (c'est la somme qu'il a dépensée pour acquérir les titres), autant l'emprunteur qui a vendu des titres à découvert ne peut connaître le montant de son éventuelle perte en capital définitive. Si, contrairement à son attente, les titres montent, cet emprunteur devra acheter sur le marché les titres plus cher qu'il ne les a vendus. Or il est impossible de prévoir jusqu'où le cours peut monter : il peut doubler, tripler, voire décupler. Le risque n'est pas quantifiable. Pour un univers d'investissement *quality growth*, les perspectives à long terme sont bonnes. Les entreprises de cet univers ont de meilleures perspectives sur le long terme, même si des pressions à court terme peuvent s'exercer, et s'exercent, sur le cours de leurs actions.

Dernier point, les gains que l'investisseur tire de ce prêt de titres seront absorbés, ou dilués, par les frais facturés par le prestataire chargé de mettre en œuvre le processus. Le prêt de titres n'est pas un modèle économique rentable à long terme et devrait être évité. Si le souscripteur d'un fonds indiciel est convaincu d'avoir réduit les risques, et s'en félicite, la réalité est en fait différente. Non seulement il a pris des risques accrus, mais en plus il ne peut les quantifier.

Il pourrait être tentant de ranger le gérant *quality growth* discipliné dans la même la catégorie que la majorité des gérants de portefeuille actifs. Cela serait trompeur. En outre, ce serait ignorer la quintessence de l'investissement *quality growth*. Pourquoi ? Parce que le gérant *pure quality growth* ne forme son univers d'investissement qu'au terme de recherches intensives sur les caractéristiques fondamentales des entreprises. Contrairement à la majorité des gérants de fonds actifs, il ne prête guère ou aucunement attention à la composition de l'indice de référence à l'aune duquel sa performance est jaugée. Le gérant *quality growth* ne désire pas investir dans un large éventail d'entreprises de qualité variable et souvent médiocre. Il s'emploie à ne retenir que les meilleures entreprises. C'est parce qu'il se montre si sélectif, et qu'il est avant tout un investisseur de long terme, que son portefeuille contiendra généralement moins de valeurs et aura un taux de rotation plus faible que celui du gérant de fonds actif traditionnel. Ce dernier doit à tout moment confronter sa performance à celle de l'indice qu'il tente de battre, ce qui lui impose de suivre toute modification du cours et de la valeur de toutes les composantes de l'indice, indépendamment de leurs mérites. C'est une philosophie d'investissement totalement différente.

Les entreprises familiales

Comme indiqué précédemment, les entreprises contrôlées par des familles constituent une grande part de l'univers des investisseurs *quality growth*. Ce type d'entreprises présente généralement des caractéristiques prisées par ces investisseurs. Face à la nécessité d'assurer la survie de l'entreprise et de la développer de génération en génération, les familles veillent généralement davantage à la continuité de l'entreprise et sa croissance à long terme, tout en conservant une forte aversion pour le risque et en se montrant prudentes dans la structure de leur bilan.

Cependant, ce n'est pas un long fleuve tranquille. Parfois, une gouvernance d'entreprise faisant fi des investisseurs extérieurs peut devenir le talon d'Achille d'une entreprise familiale. Il est primordial que les actionnaires minoritaires ne soient pas considérés comme de simples passagers ayant pour seule fonction de financer les ambitions de la famille. Tous les actionnaires doivent être traités avec égards en tant que propriétaires de plein droit et à part entière. Une politique inappropriée ou abusive en ce qui concerne des questions comme les transactions avec des parties liées, la communication avec les investisseurs et la distribution de dividendes doit constituer un signal d'alarme pour l'investisseur *quality growth*.

Dans la pratique, les normes en matière de gouvernance d'entreprise – comme la nomination d'administrateurs indépendants – sont généralement mieux respectées quand l'entreprise familiale entre en Bourse. Les dispositifs de rémunération deviennent plus sensibles aux intérêts des investisseurs extérieurs et plus étroitement alignés sur eux. En septembre 2017, le Credit Suisse Research Institute a publié une étude reposant sur l'analyse de presque 1 000 entreprises familiales, par région, secteur et taille. L'étude constate que les entreprises familiales préfèrent nettement jouer la carte de la prudence pour financer leur croissance, autrement dit les nouveaux investissements sont généralement financés essentiellement par les cash-flows générés en interne, et qu'elles investissent davantage dans la recherche et le développement et dans l'innovation. Un indice créé pour mesurer la performance de ces entreprises montre qu'au cours de la dernière décennie, elles ont surperformé le marché d'actions dans son ensemble, indépendamment de la région, du secteur ou de la taille. Cet indice a battu l'indice MSCI All Countries World de 4 % en moyenne annuelle entre 2006 et 2016.

Être dotée d'un large actionnariat familial facilite à une entreprise la prise de décisions qui, bien que douloureuses à court terme, porteront leurs fruits avec le temps. Investir dans une perspective de long terme est souvent une contrainte que les entreprises non familiales, asservies au cycle de reddition de comptes à court terme imposé aux entreprises cotées, ne sont pas disposées à accepter. Les entreprises contrôlées par des familles sont moins influencées par l'humeur des investisseurs changeant au gré des résultats à court terme.

Estée Lauder : une entreprise familiale exceptionnelle

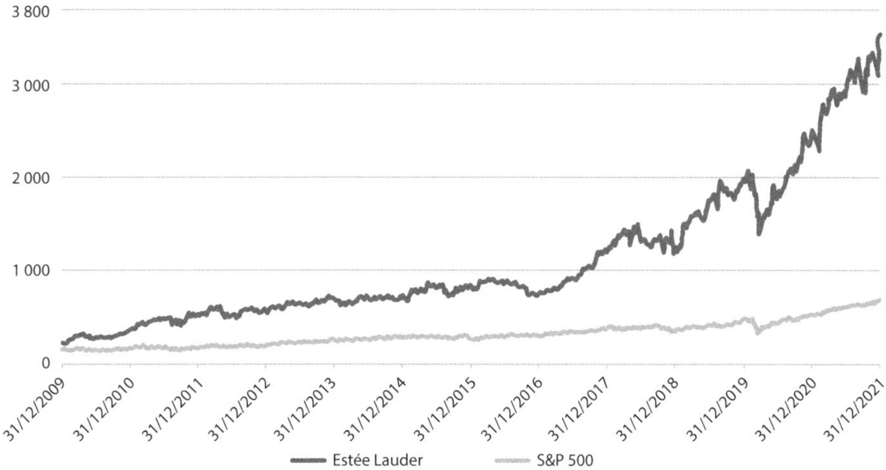

Source : Bloomberg

Estée Lauder, leader mondial des produits de beauté et de prestige constitue un bon exemple. Cette entreprise familiale a développé un modèle économique allégé et flexible, dont le principal avantage concurrentiel, en sus du solide portefeuille de marques qu'elle détient, est la rapidité avec laquelle elle peut s'adapter pour répondre aux segments de son secteur qui enregistrent la plus forte croissance. En fonction de la catégorie, de la géographie et du canal, Estée Lauder investira partout où elle peut obtenir un rendement supérieur en investissant sur le long terme. L'entreprise a montré que cela lui réussit de passer outre les pressions exercées par les investisseurs exigeant des rendements plus élevés dans une vision de court terme.

Hermès : récompensée pour restreindre l'offre

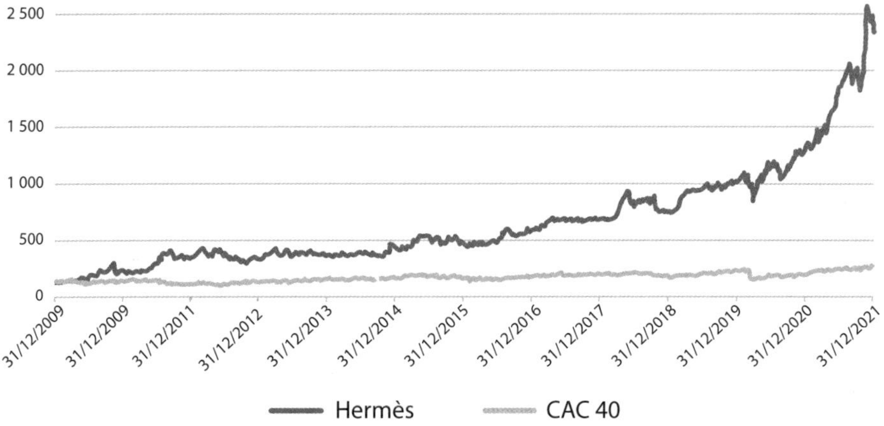

Source : Bloomberg

Hermès International, véritable entreprise *quality growth*, illustre également comment une entreprise contrôlée par une famille est en mesure d'accorder la priorité à une croissance de qualité et durable sur le long terme, quoique de façon différente. La famille Hermès, qui contrôle l'entreprise depuis sa fondation par Thierry Hermès en 1837, préserve l'identité et le style de la marque Hermès en contrôlant soigneusement l'offre de ses produits iconiques. Loin de se précipiter pour satisfaire la demande du marché, Hermès fait l'opposé : l'entreprise limite le nombre de ces produits qu'un client peut acquérir. Hermès fait ainsi d'une pierre deux coups : elle crée un sentiment d'exclusivité et elle s'assure une croissance pérenne. L'alignement étroit du management sur les intérêts à long terme de l'entreprise explique que certaines entreprises contrôlées par des familles sont la réponse naturelle aux besoins de l'investisseur *quality growth*.

Value, growth et *quality growth*

Les investisseurs aiment donner un nom aux styles d'investissement. Cela les aide à associer un style particulier à un environnement de marché spécifique. Lorsque les investisseurs institutionnels décident de répartir les actifs selon tel ou tel style pour profiter des changements d'humeur, ils envisagent régulièrement la possibilité de surpondérer le style *value* en réduisant leurs expositions à l'autre solution généralement reconnue, à savoir le style *growth*. Les changements d'humeur récurrents du marché encourageront les investisseurs institutionnels ou privés qui ne craignent pas de faire preuve d'inconstance dans l'allocation des actifs à remanier leur portefeuille. Ils mettront à profit la dynamique du cours des actions des entreprises cycliques durant les périodes de reprise conjoncturelle de l'économie.

Ce type de revirement s'est clairement observé après les mesures annoncées par Joe Biden, qui venait alors d'être élu Président des États-Unis. Ses propositions visant à relancer l'économie américaine par de grands projets d'infrastructure ont déclenché les premières vagues de réorientation des portefeuilles de l'investissement *growth* ou *quality growth* vers l'investissement dit *value*.

D'autres facteurs ont aussi contribué à ces réorientations : l'optimisme économique accru par le sentiment que l'ère de l'argent facile instaurée par la Réserve fédérale touchait à sa fin, la reprise économique aux États-Unis et dans d'autres pays après la pandémie, ainsi que l'augmentation massive des dépenses publiques et les nouvelles dispositions fiscales annoncées par Joe Biden. Résultat : les actions cycliques, banques en tête comme à l'accoutumée, se sont plus appréciées que les actions *growth* dans les semaines et mois qui ont suivi janvier 2021. C'est l'exemple manifeste d'un mouvement de hausse du cours des actions qui relègue aux oubliettes la qualité des entreprises cotées parce que, dans leur empressement à obtenir des rendements immédiats, l'horizon temporel des investisseurs s'est raccourci.

Précédemment, les fonds *smart bêta* avaient également suscité un engouement. Ces fonds visent à surperformer un indice sous-jacent en ne sélectionnant que des entreprises qui versent des dividendes élevés et croissants. Ils s'appuient sur des modèles informatiques conçus pour vérifier que les entreprises sous-jacentes représentent un placement sûr et que leurs dividendes sont durables, ainsi que sur des modèles informatiques permettant d'évaluer la probabilité de défaillance de l'entreprise quand la valeur de ses actifs devient inférieure à celle de ses passifs. Les modèles ne prennent pas en considération les aspects humains et font l'impasse sur les mystères du marché.

Dans leur volonté d'étiqueter les styles d'investissement, les observateurs ont été prompts à souligner que l'investissement *value* surpassait l'investissement *growth* et que l'heure était venue de modifier la composition des portefeuilles. Cela arrive de temps à autre à la Bourse, quand les déclarations à l'emporte-pièce prévalent sur une réflexion approfondie. Mais ce faisant ces observateurs risquent de simplifier exagérément un domaine dans lequel l'appellation *growth* requiert une analyse plus poussée. Ce chapitre a notamment pour objectif d'établir la distinction entre l'investissement *growth* et l'investissement *quality growth*, ainsi qu'entre l'investissement *quality growth* et l'investissement *value*.

Les inconvénients de l'investissement *growth*

Selon l'opinion courante, les actions des entreprises enregistrant des taux de croissance supérieurs à la moyenne auront probablement des PER supérieurs à ceux des autres entreprises cotées. Cela créera des conditions de marché favorables qui permettront aux actionnaires d'obtenir des rendements supérieurs. C'est le fondement du style d'investissement *growth*. Cependant, force est de constater que les entreprises dites *growth* ne sont pas toutes rentables. À cet égard, Netflix est un bon exemple d'entreprise qui est leader dans son domaine et qui se développe rapidement, mais qui réalise toujours des pertes colossales. Cela s'explique par le fait que le bilan de l'entreprise est grevé par les dettes et qu'elle consomme énormément de cash pour mener ses activités. Jusqu'à présent, elle a procuré des rendements spectaculaires à ses actionnaires, mais les fondements de son succès demeurent très fragiles.

L'évolution du cours de ses actions au dernier trimestre 2018 est révélatrice. Netflix étant fortement endettée, il a suffi qu'un resserrement monétaire par la Réserve fédérale soit anticipé durant cette période pour que le cours de ses actions s'effondre. Quand par la suite l'humeur du marché a changé et que la Réserve fédérale a renoncé à relever ses taux, le cours s'est envolé. La réalité est que si Netflix est effectivement une entreprise *growth*, en revanche elle ne passe pas le test de la qualité car son niveau d'endettement est élevé. Tant qu'il en sera ainsi, les rendements offerts aux actionnaires seront à la merci des marchés obligataires. Les futurs rendements ne peuvent être assurés avec le degré de certitude que l'investisseur *quality growth* exige.

Cependant, la situation de l'entreprise a évolué. Aujourd'hui, en 2021, Netflix a commencé à réaliser des bénéfices et a réduit la charge de sa dette. Cela n'en fait pas encore pour autant une candidate au titre d'entreprise *quality growth*. Pour pouvoir l'être, elle devra bâtir un solide historique des performances au cours des prochaines années, après quoi l'investisseur *quality growth* l'examinera plus attentivement.

Netflix *versus* MSCI World TR

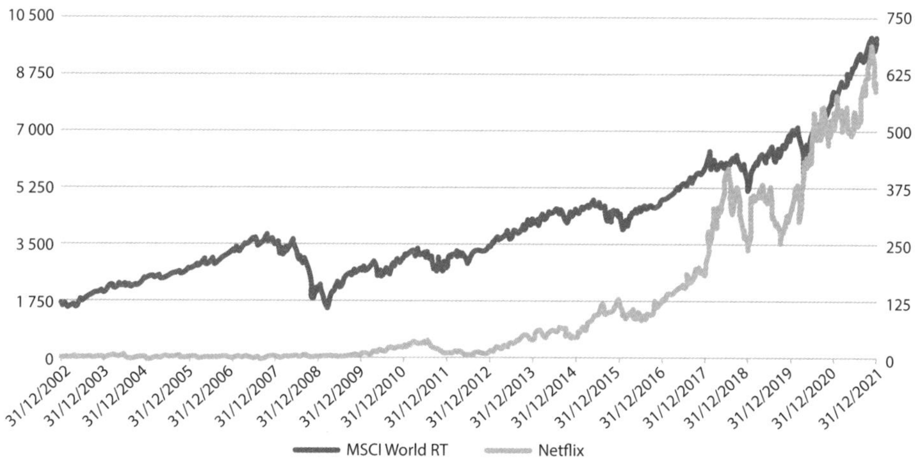

Source : Bloomberg

Les caractéristiques à réunir par une entreprise pour pouvoir être qualifiée d'entreprise *quality growth* ont été exposées au chapitre 3. Les principales différences entre une entreprise *growth* et une entreprise *quality growth* sont les suivantes. Premièrement, une entreprise *quality growth* dispose d'un long historique des performances en matière de croissance. Deuxièmement, son bilan est solide et largement ou totalement dénué de dettes. Troisièmement, ses comptes sont clairs, cohérents et transparents. Quatrièmement, elle a une bonne gouvernance d'entreprise et s'inscrit dans le long terme. De nombreuses entreprises *growth* échouent à un ou plusieurs de ces tests. Autrement dit, ce n'est pas leur taux de croissance qui est en cause, mais leur incapacité à satisfaire aux autres critères.

Le fait que l'entreprise *quality growth* ait une duration longue revêt une importance primordiale. Dans le monde de la finance, la duration d'une entreprise se définit comme le laps de temps au bout duquel les futurs flux de trésorerie disponible de l'entreprise devraient connaître leur apogée. L'entreprise moyenne verra ses flux de trésorerie disponible augmenter durant les premières années de son existence (à supposer qu'elle survive tout ce temps). Quand ses avantages concurrentiels initiaux disparaissent, ses flux de trésorerie disponible déclinent à mesure que de nouveaux concurrents entrent sur le marché pour lui disputer le leadership. Dans le cas d'une vraie entreprise *quality growth*, les flux de trésorerie disponible continuent de croître indéfiniment grâce aux caractéristiques exceptionnelles de l'entreprise. Il s'ensuit que l'apogée d'une entreprise *quality growth* se produit bien plus tard que celui de l'entreprise moyenne.

Dans le cas des emprunts d'État et des emprunts d'entreprise, la duration de leurs cash-flows est influencée par le niveau et l'orientation des taux d'intérêt. Une hausse des taux d'intérêt raccourcit la duration (et par conséquent diminue le prix des obligations) puisque les futurs cash-flows sont actualisés pour obtenir leur valeur actuelle. Si les entreprises *quality growth* sont également des actifs à duration longue, et sont parfois appelées *growth bonds* pour la régularité de leurs cash-flows, ne seront-elles pas affectées de la même manière ? C'est une question frappée au coin du bon sens, mais elle appelle une réponse différente.

Dans un contexte de montée des taux d'intérêt, les entreprises endettées peuvent tout bonnement disparaître lorsque leurs cash-flows ne leur permettent plus de couvrir la charge de leur dette. Par définition, cette montée ne présente pas de risque pour l'entreprise *quality growth*. Dès lors que l'entreprise a peu ou pas de dette, une augmentation du coût de l'emprunt aura une incidence négligeable sur ses bénéfices. Il en est de même concernant le coût de la main-d'œuvre, incidemment. Lorsqu'une entreprise est à faible intensité de main-d'œuvre, comme c'est le cas de bien des entreprises de l'univers *quality growth*, un renchérissement du coût de la main-d'œuvre ne la pénalisera guère. Cela vaut aussi en cas d'augmentation du prix des matières premières, qui représentent généralement une faible proportion de leur base de coûts. Cela leur permettra de préserver ou de renforcer leur pouvoir de fixation des prix.

L'impact d'une hausse des taux d'intérêt sur une entreprise *quality growth* dépendra des causes de cette hausse. Si elle se produit en réponse à une forte croissance économique, elle pourrait être temporairement préjudiciable. Par contre, si elle résulte d'autres facteurs, les conséquences pourraient ne pas être aussi dommageables. Par exemple, si le pouvoir de négociation des syndicats ou si une augmentation du prix du pétrole provoquée par une rupture d'approvisionnement se traduit par une hausse de l'inflation, qui conduit à une hausse des taux d'intérêt, d'autres types d'entreprises souffriront davantage que l'entreprise *quality growth*, ce qui renforcera sa position concurrentielle. Si la remontée des taux d'intérêt trouve son origine dans une crise financière, les entreprises *quality growth* devraient également réaliser une bonne performance. Si sa cause est la crainte d'une envolée des déficits publics, les répercussions ne seront pas forcément négatives.

L'année 1994 constitue un intéressant précédent permettant de comprendre comment les marchés sont susceptibles d'évoluer quand les taux grimpent. En réponse à la récession du début des années 1990 et à la crise des caisses d'épargne américaines, la Réserve fédérale a maintenu les taux d'intérêt à zéro pendant dix-huit mois. En février 2014, son président, Alan Greenspan, a surpris les marchés en procédant à une première série de relèvements des taux qui a porté le taux des Fed funds de 3 % à 5,75 % en moins d'un an. Les taux à long terme ont également fortement progressé. Le premier enseignement est que le marché d'actions américain a continué de générer un rendement absolu positif. Le second, des plus intéressants, est que les secteurs fondés sur la croissance ont été les moteurs de cette performance et ont nettement mieux évolué que les secteurs caractérisés par une duration courte comme ceux du bâtiment, du transport aérien, de l'automobile et des métaux.

L'investisseur *growth* traditionnel recherche essentiellement la croissance à tous crins, souvent dans une perspective relativement court-termiste, mais soutenue par une dynamique puissante et ce même en l'absence totale de rentabilité. L'investisseur *quality growth*, quant à lui, veut être assuré de l'origine, des leviers et de la pérennité de la croissance.

Les différents ingrédients d'une croissance de qualité, décrits précédemment et au chapitre 3, peuvent l'aider à inférer, objectif largement secondaire, ce qui constitue une juste valorisation. Ces ingrédients seront un mélange de critères quantitatifs et de critères qualitatifs. Scruter les chiffres et regarder le management droit dans les yeux permettra plus facilement à l'investisseur *quality growth* d'éviter de commettre les erreurs qu'il pourrait faire si la croissance à un prix raisonnable (notion couramment désignée par l'acronyme GARP, *growth at a reasonable price*, dans les livres d'étude) demeurait sa principale préoccupation.

Quelle différence avec l'investissement *value* ?

Cependant, l'investisseur *value* soulignera que, lui aussi, recherche la sécurité dans la qualité et que, lui aussi, pense au long terme et scrute les chiffres. Sa vision des fondamentaux de l'entreprise est axée sur la santé économique globale de l'entreprise, le déploiement efficace de son bilan étant de prime importance. Selon lui, un déploiement efficace suppose de recourir régulièrement à l'effet de levier pour libérer la valeur qu'il qualifie de « piégée », dans l'objectif d'augmenter le rendement des capitaux investis.

En outre, l'investisseur *value* prendra souvent en considération le versement de dividendes, leur montant, leur régularité et leur croissance par rapport à la période précédente comme déterminants majeurs. En effet, la croissance et le rendement des dividendes sont souvent plus importants pour l'investisseur *value* que la croissance des ventes, des marges et du résultat net. Les entreprises qui ont augmenté leurs dividendes chaque année pendant vingt ans sans interruption sont appelées les « aristocrates du dividende ». Cette politique de dividendes est prisée des investisseurs britanniques. De nombreuses entreprises ayant leur siège au Royaume-Uni s'emploient à satisfaire leurs actionnaires en distribuant des dividendes annuels ou semestriels toujours plus élevés et considèrent cet objectif comme leur priorité absolue. Pour les investisseurs eux-mêmes, le rendement des dividendes est un chiffre magique qui compte plus que le positionnement sur le marché, le pouvoir de fixation des prix et la qualité du management.

Cette soif de dividendes peut aller jusqu'à réduire à portion congrue la source de toute croissance des dividendes, même lorsqu'elle trouve son origine dans les réserves propres de l'entreprise, lorsque cela est autorisé. Cette aspiration à la perception régulière de dividendes s'est exprimée avec force au cours de la dernière décennie marquée par la diminution des rendements obligataires et par des pressions déflationnistes. Contrairement à l'investisseur *quality growth*, toutefois, l'investisseur *value* attachera sans doute plus d'importance à l'objectif de cours qu'à la qualité de l'entreprise concernée. Un investissement bon marché et de qualité médiocre sera à ses yeux plus attrayant qu'une entreprise de premier ordre dont le cours est élevé.

Dans son processus de valorisation, cet investisseur comparera davantage le cours de l'entreprise à son dernier bilan audité qu'à ses perspectives de croissance. Le présent l'emportera sur le futur. C'est pourquoi les horizons temporels respectifs de ces deux types d'investisseurs sont très différents. L'investisseur *quality growth* aspirera à des rendements sur une période illimitée, rendements auto-alimentés pour profiter de l'effet magique des taux composés, tandis que l'investisseur *value* aspirera à gagner de l'argent dans un laps de temps plus court. La performance de son portefeuille sera une succession annuelle, voire trimestrielle, de résultats mis bout à bout, et non une fluide croissance continue des bénéfices composés.

Ainsi donc, leurs horizons respectifs différeront, de même que la nature de leurs recherches et analyses comparatives. Comparer les actifs d'une entreprise à sa valorisation puis conclure s'il convient ou non d'acquérir ses actions n'est pas le même travail qu'établir la valeur actualisée des revenus futurs estimés (en utilisant le bon taux d'actualisation). L'investisseur *value* ne fait pas, et ne fera jamais, ce calcul au-delà d'une période relativement courte (un an ou deux).

La différence d'approche entre l'investisseur *quality growth* et l'investisseur *value* sera affectée par la cyclicité des investissements envisagés eux-mêmes. Lorsque les valeurs cycliques sont bon marché, elles sont attrayantes pour l'investisseur *value*. À cet égard, l'investisseur *value* a un biais contracyclique alors que l'investisseur *quality growth* évite les valeurs cycliques. Lorsque la conjoncture économique affaiblit le cours des actions d'une entreprise à un moment donné, l'investisseur *value* y voit une occasion d'acquérir ces actions. Pour l'investisseur *quality growth*, par contre, le pouvoir de fixation des prix doit faire partie de l'ADN de l'entreprise qu'il sélectionne.

Enfin, une raison d'ordre pratique explique pourquoi les investisseurs *value* sont considérablement plus nombreux que les investisseurs *quality growth* dans le monde. L'univers d'investissement potentiel des premiers est infiniment plus large que celui des seconds. L'application rigoureuse par l'investisseur *quality growth* des dix règles d'or exclut de son univers d'investissement potentiel la grande majorité des entreprises cotées en Bourse de par le monde, tandis que l'investisseur *value* dispose de possibilités d'investissement quasi illimitées dans le monde. L'investisseur *value* peut puiser dans un réservoir de possibilités d'investissement beaucoup plus large et beaucoup plus profond que celui de l'investisseur *quality growth*. Il a le monde pour terrain de chasse, alors que la rigueur des dix règles d'or réduit fortement l'univers de l'investisseur *quality growth* en partant du principe que seules les meilleures entreprises gagnent.

L'investisseur *quality growth* s'intéresse aux entreprises plus qu'aux situations de marché. Il investit dans des entreprises, non dans des marchés. Il se trouve que ces entreprises sont cotées sur des marchés publics. L'investisseur *value* et l'investisseur *growth* recherchent, eux, des entreprises cotées en tant que telles. S'il était possible d'investir dans des entreprises *quality growth via* des placements privés, l'investisseur *quality growth* ne changerait pas sa stratégie. Son approche n'est ni un style ni une mode. Elle témoigne d'une attitude pérenne envers le risque et le rendement. Elle est la mise en application de sa conception de la préservation et de la fructification du capital sur le long terme.

L'exemple suivant est révélateur à cet égard. Au cours des premiers mois de 2017, le nouvel échiquier politique aux États-Unis a créé un environnement de marché qui semblait favorable à l'investissement *value*, et de nombreux investisseurs ont misé sur des entreprises cycliques qui bénéficiaient de ce changement d'humeur. Facilitées par l'abondance des liquidités, les prises de risques se sont amplifiées au point que l'on a parlé du retour de l'esprit animal, ce qui n'était pas sans rappeler l'état d'esprit prévalant durant l'envolée démesurée du cours des entreprises *dotcom* en 1999. Il n'est jamais facile de savoir combien de temps cet état d'esprit durera, mais les investisseurs chevronnés savent bien que les arbres ne montent pas jusqu'au ciel (ce qui s'est vérifié peu de temps après pour les *dotcom*). En attendant, et sur la durée du cycle, les entreprises *quality growth* et dont les bénéfices sont prévisibles continueront de voir leurs bénéfices augmenter. Le cours de leurs actions grimpera en conséquence.

Conclusion

Cocher des cases, souscrire inconsidérément à de belles formules et se laisser envahir par le sentiment de sécurité que confèrent les étiquettes attribuées, c'est la mentalité de l'investisseur moyen. Il obtiendra peut-être des rendements à long terme moyens, mais il y aura de nombreuses idées reçues derrière lesquelles il pourra s'abriter. À son insu, le risque inhérent à son portefeuille sera plus élevé, dans la mesure où les rendements seront inférieurs à ce qu'il pourrait, ou aurait pu, obtenir s'il ne gardait pas les yeux rivés sur le cours des actions et son évolution dans les jours ou semaines à venir.

Au contraire, se concentrer sur les activités de l'entreprise est l'essence de l'investissement *quality growth*.

Chapitre 7

Les marchés financiers aujourd'hui

Une des erreurs classiques qu'un investisseur peut commettre est de supposer que le présent est toujours différent du passé. Il est vrai qu'aucune période n'est jamais identique à la précédente, mais il existe toujours de nombreuses similitudes avec le passé. Toute la difficulté consiste à déterminer quels éléments de la période en cours sont vraiment inédits et exigent un regard nouveau, et quels autres sont en réalité de simples échos des temps passés, ce qui justifie de s'en tenir fermement aux principes fondamentaux éprouvés.

La décennie qui a suivi la crise financière mondiale a été extraordinaire pour les investisseurs à maints égards, comme une armée de commentateurs et de spécialistes des marchés nous le rappelle régulièrement. Elle a assurément déconcerté le consensus. Au plus fort de la crise en 2008, peu de voix faisant autorité se sont élevées pour prédire qu'elle marquerait l'avènement d'un âge d'or pour les investisseurs en actions et en obligations, que les taux d'intérêt de nombreux pays tomberaient si bas pendant si longtemps, ou que la relance monétaire d'une ampleur sans précédent n'ouvrirait pas une nouvelle ère d'inflation. Aujourd'hui, la question de savoir combien de temps durera l'actuelle poussée inflationniste post-pandémie suscite encore de vifs débats.

Dans ce chapitre, j'ai rassemblé des questions qui me sont souvent posées au cours de mes entretiens avec des clients et j'examine si les bouleversements qui ont secoué la dernière décennie remettent en cause le bien-fondé de l'investissement *quality growth*. En un mot, comme le lecteur l'aura sans doute conclu maintenant, les arguments en faveur de cette stratégie d'investissement résistent étonnamment bien à cette période révolutionnaire. À mon avis, ils demeurent tout aussi valables et pertinents qu'il y a cinq, dix ou vingt ans.

- **Que répondez-vous à ceux qui affirment que nous sommes aujourd'hui à l'apogée de l'investissement *quality growth* ?**

Si la question porte sur le cours des actions des entreprises *quality growth*, je dirais que ce sont des actifs de longue duration par excellence. De ce fait, leur popularité et leur valorisation n'atteindront leur apogée que lorsque les actions deviendront surévaluées par rapport à l'autre actif de longue duration par excellence, à savoir l'emprunt d'État sans risque. Une action est surévaluée lorsque le PER a tellement augmenté que cela signifie que le marché a intégré un trop grand nombre d'années futures de forte croissance des bénéfices dans le cours actuel de l'action. Cela s'est produit dans le passé. Cependant, les PER ne sont pas la seule méthode de valorisation, et il serait trompeur de se fier à eux seuls. Comparer le rendement des bénéfices (qui est l'inverse du PER) d'un portefeuille *quality growth* actuel au rendement comparable d'obligations d'État à duration longue montre que, malgré l'actuelle tendance à la hausse des taux d'intérêt et des rendements obligataires, le rendement de ces obligations ne rivalise pas (encore) avec le rendement des bénéfices du portefeuille *quality growth*.

Aujourd'hui, en novembre 2021, les chiffres comparables montrent que le multiple des bénéfices prévisionnels est d'environ trente-cinq fois pour un portefeuille *quality growth*, tandis que pour les obligations à long terme le multiple est de soixante-six fois pour les emprunts d'État américains à dix ans et de cinquante fois pour ceux à trente ans. Les obligations sont donc nettement plus onéreuses que les actions d'entreprises *quality growth*. Le rendement des obligations est-il maintenu artificiellement bas par l'assouplissement quantitatif ? C'est une question que tous les investisseurs se posent. La réponse ne devrait pas tarder, les banques centrales levant un peu le pied de l'accélérateur. Mais, pour l'instant, les marchés ont intégré ces anticipations dans leur hausse.

Une autre méthode consiste à utiliser un taux d'intérêt approprié pour actualiser les cash-flows futurs afin d'estimer leur valeur présente. À cet égard, on pourrait affirmer qu'une partie des revenus de demain est déjà intégrée dans les cours d'aujourd'hui. Toutefois, l'optimiste fera observer que, vu à quel point les entreprises *quality growth* ont prospéré et fait croître leurs bénéfices durant la pandémie grâce à leur pouvoir de fixation des prix et à leurs autres caractéristiques, le taux d'actualisation utilisé il y a quelques années, et encore employé de nos jours, était et est encore trop prudent. Si l'on prend un taux d'actualisation inférieur, les valorisations semblent plus raisonnables. Quoi qu'il en soit, cela montre la nécessité pour l'investisseur *quality growth* d'adopter un horizon intemporel. Cela l'aidera à se concentrer sur les entreprises concernées plutôt que sur leurs valorisations.

Rendement des obligations à trente ans *versus* rendement des bénéfices de l'univers de Seilern Investment

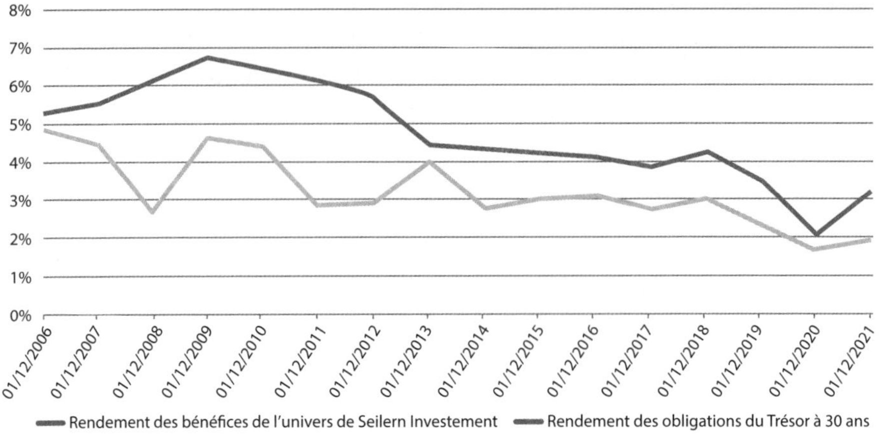

Source : Seilern Investment Management, Bloomberg, Factset

En conséquence, bien que le marché ait attribué à maintes entreprises *quality growth* des PER relativement élevés ces dernières années, et des rendements de l'action considérables en se fondant sur leur croissance bénéficiaire tendancielle, en tant que classes d'actifs les entreprises *quality growth* ne sont pas à leur apogée comme de nombreux observateurs le prétendent.

Elles atteindront un pic s'il s'avère que les rendements obligataires sont appelés à connaître une hausse prolongée durant les toutes prochaines années. Rappelons-nous cependant, que même si cette hausse se produit, cela affectera le cours des actions de tous les types d'entreprises, pas seulement celui des entreprises *quality growth*. Or comme au sens strict une entreprise *quality growth* se définit notamment par un bilan largement exempt de dettes, l'impact d'une hausse des rendements obligataires nuira moins, et moins longtemps, à une telle entreprise qu'aux entreprises plus endettées.

- **Cependant, il peut arriver un moment où même les meilleures entreprises *quality growth* sont devenues si onéreuses que cela ne vaut peut-être plus la peine de les détenir ?**

Bien sûr. Du moins à court terme. Imaginons des taux d'intérêt si faibles que les entreprises *quality growth*, avec leur croissance bénéficiaire régulière et pérenne, deviennent la saveur du mois. Un peu comme à l'époque des Nifty Fifties, leur PER s'envolerait pour atteindre des sommets stratosphériques. Vous devriez alors être prudent. Cela pourrait arriver si l'humeur actuelle du marché changeait, c'est-à-dire si, au lieu de redouter que l'inflation s'installe durablement, le marché se mettait à anticiper une récession déflationniste puis une forte expansion déflationniste. Cela pourrait bien alimenter les conversations en 2022 et les années suivantes.

C'est à ce moment que la valorisation deviendrait plus importante qu'à l'ordinaire. Et si ces sommets étaient atteints dans les prochaines années, nous réaliserions des plus-values en capital colossales grâce à notre portefeuille. Nous sommes actuellement loin de ce moment – très loin. Cependant, il ne faut jamais dire jamais.

- **Les politiques monétaires adoptées dans maints pays en réponse à la crise étaient-elles nécessaires ou excessives ?**

Ces politiques monétaires étaient nécessaires, mais non excessives. Face à l'assèchement des liquidités sur l'ensemble des marchés au début de la crise en 2008, les grandes banques centrales ont décidé à juste titre d'intervenir pour pallier la défaillance des forces du marché. Ce faisant, elles ont protégé et préservé le système bancaire international, en dépit de la faillite de certaines entreprises comme Lehman Brothers et d'autres. Pendant tout ce temps, le débat a fait rage quant à savoir si les banques centrales auraient dû laisser les choses suivre leur cours, comme le préconisaient des économistes autrichiens, ou venir à la rescousse. La première option aurait entraîné des faillites en chaîne et un chômage massif, tandis que la seconde a évité ce qui aurait été, à mon avis, un carnage inutile.

Quand la Réserve fédérale a décidé de mettre un terme à sa politique d'assouplissement quantitatif et de réduire son bilan, son rôle dans l'achat d'emprunts d'État avec de l'argent fraîchement créé a rapidement été repris à la marge par les institutionnels et d'autres acquéreurs, ce qui a maintenu les taux d'intérêt à des niveaux très bas. Cette force du marché largement inattendue, qui subsiste de nos jours, est la preuve que les politiques monétaires mises en œuvre après la crise ne peuvent être qualifiées d'artificielles ou d'excessives.

Actuellement, il est à nouveau anticipé que les banques centrales se montreront moins généreuses dans les mois et années à venir, toutes choses étant égales, afin de lutter contre le risque d'enracinement de l'inflation. C'est à ce moment que les forces de marché inattendues que représentent les acheteurs institutionnels en quête de rendement seront une fois de plus mises à l'épreuve.

Cependant, les banques centrales ne sont ni omnipotentes ni à l'abri de commettre des erreurs. Les interventions des banquiers centraux devraient se fonder sur les signaux émis par les marchés des obligations à duration longue. À certains moments, ces marchés indiquent que les politiques monétaires des banquiers centraux sont en avance ou en retard sur « la courbe ». Dans le premier cas, les banquiers centraux ont modifié les taux trop fortement ou trop tôt ; dans le second, ils ont trop tardé à les modifier (que la modification soit à la hausse ou à la baisse).

- **Vous ne pensez donc pas que les sommes astronomiques injectées dans le cadre de l'assouplissement quantitatif aux États-Unis, dans l'Union européenne et au Japon ont maintenu les taux d'intérêt à des niveaux artificiellement bas, comme de nombreux commentateurs l'affirment ?**

En effet, je ne le pense absolument pas. En outre, les rendements des capitaux investis par les entreprises sont encore supérieurs au coût de ces capitaux. À la fin de la journée, ce sont les marchés obligataires qui dictent aux banques centrales ce qu'elles devraient faire. Aujourd'hui, ils signalent largement l'imminence d'un resserrement quantitatif par les banques centrales, même si les rendements des obligations à long terme sont pour le moment restés calmes.

- **Est-il judicieux d'utiliser un emprunt d'État à 10 ans comme variable représentative du taux d'intérêt sans risque ?**

Depuis la crise financière mondiale, la notion acceptée de ce qui est sans risque et de ce qui est risqué a assurément changé. Il est devenu plus difficile de déterminer quel taux sans risque il convient d'employer, car les répercussions de la politique monétaire d'assouplissement quantitatif et la réévaluation des emprunts à duration courte ou moyenne ont conduit à une situation inédite depuis des générations : des taux d'intérêt négatifs.

Cela a toujours été un principe incontesté sur les marchés que les emprunts d'État américains à dix ou trente ans sont la meilleure variable représentative d'un investissement sans risque et longue durée, et que prêter de l'argent au gouvernement américain (ou à un autre gouvernement des pays de l'OCDE) est le plus sûr des refuges. Cependant, de nombreux investisseurs feraient bien de se rappeler que le ratio dette publique/PIB a explosé dans les pays de l'OCDE au cours des vingt-cinq dernières années. La question de savoir comment les États rembourseront leurs emprunts n'est pas résolue et est rarement débattue, si tant est qu'elle le soit un jour, par la classe politique dont l'attitude cavalière semble être « après nous, le déluge » !

Le ratio dette publique/PIB s'est fortement dégradé depuis la propagation exponentielle de la pandémie de Covid-19. De par le monde, tout vestige de l'austérité pratiquée avant la pandémie a été jeté par-dessus bord : les gouvernements se sont affranchis des règles et se sont mis à emprunter, dépenser et, parfois, taxer massivement.

Dans le passé, conclure qu'investir dans des emprunts d'État à longue échéance revenait à réaliser un placement sans risque *était* fondé ; aujourd'hui, c'est discutable. Cet emprunt peut bien être un actif à duration longue, il n'en présente pas moins des risques grandissants et parfois cachés. Cela ne peut se comparer avec le risque inhérent à une entreprise *quality growth*. Après tout, mieux vaut être tiré d'affaire par une entreprise *quality growth* qu'être mis dans le rouge par un emprunt souverain.

S'il est actuellement impensable que les détenteurs d'obligations souveraines voient leurs investissements censés être sans risque subir une décote, la détérioration des ratios dette/PIB – qui entraînera une augmentation effrénée des besoins de financement des États, que ces derniers s'emploieront à satisfaire en particulier en imposant les obligataires (imposables) – rend le scénario de la décote tout à fait plausible. C'est pourquoi les obligataires ont plus à craindre du temps qui passe que les actionnaires d'entreprises *quality growth*.

Il sera parfois judicieux d'utiliser le rendement d'une obligation d'entreprise notée AAA comme variable représentative du taux sans risque. Toutefois, l'écart de rendement entre les obligations d'entreprise et les obligations souveraines, et entre les différents types d'obligations, ne demeure pas constant. Le taux sans risque à employer pour analyser un investissement ne sera donc parfois pas le même d'une année à l'autre. Début 2016, par exemple, un marché haussier sur certaines obligations souveraines a coïncidé avec un marché baissier sur certaines classes d'obligations d'entreprise. Résultat : les obligations souveraines à longue duration sont devenues un indicateur sans risque plus fiable que les obligations d'entreprise, même celles les mieux notées. Pour l'investisseur *quality growth*, ce débat est largement théorique parce que la règle cardinale des dix règles d'or est l'absence de dette notable au bilan de l'entreprise.

- **Quelle prime de risque actions utilisez-vous pour calculer le taux d'actualisation quand vous établissez la valeur des entreprises *quality growth* ?**

C'est variable et c'est l'objet de discussions permanentes en interne. Notre taux d'actualisation global est actuellement de 7,5 %, mais il est fondé sur un taux sans risque qui a été extrêmement volatil au cours des dix-huit derniers mois. L'expression « taux sans risque », en elle-même, est quelque peu trompeuse. En réalité, la base sur laquelle il conviendrait de fonder le taux d'actualisation est l'« environnement propice à un taux d'intérêt sans risque ». C'est une approche qui est plus descendante et qui évite de devoir ajuster le taux chaque fois que les marchés obligataires évoluent. Si l'économie mondiale évite une récession déflationniste et si les entreprises *quality growth* continuent de générer les bénéfices supérieurs qu'elles ont enregistrés jusqu'ici en 2021, il est possible que la prime de risque actions de notre portefeuille puisse encore diminuer ; et tant que les PER restent raisonnables, cela signifie que la question de la valorisation ne figure pas au premier rang des priorités.

Les deux années écoulées depuis le début de la pandémie ont montré comment une vraie entreprise *quality growth* peut continuer d'accroître ses revenus et bénéfices tout en préservant ses marges d'exploitation et son pouvoir de fixation des prix, et, ainsi, la durabilité de son modèle économique. Ainsi donc, une entreprise *quality growth* gardera probablement une bonne longueur d'avance sur les marchés en élargissant le fossé qui la protège de ses concurrents. Il est par conséquent légitime de se demander si le taux d'actualisation pourrait être abaissé indépendamment de l'orientation à la hausse que les rendements obligataires et les taux d'intérêt peuvent être amenés à prendre.

- **Dans quelle mesure l'assouplissement monétaire, et autres mesures de relance monétaire, a-t-il contribué à l'excellente performance réalisée par les entreprises *quality growth* depuis la crise ?**

Dans une grande mesure. Un effondrement du système financier mondial n'aurait épargné aucune entreprise, et cela se serait reflété rapidement dans le cours de toutes les actions, y compris dans celui des actions des entreprises *quality growth*. Là encore, il est intéressant de noter qu'au sein de l'univers *quality growth* les meilleures performances ont été signées par des entreprises peu ou aucunement endettées.

En toute logique, on pourrait soutenir que si une hausse des taux d'intérêt ne pèse guère sur les entreprises *quality growth* peu ou aucunement endettées, une baisse des taux d'intérêt ne devrait pas *a contrario* soutenir leur cours. Toutefois, même dans le contexte actuel, dans lequel nous restons prudemment optimistes quant à la possibilité que les taux d'intérêt se maintiennent à un niveau bas longtemps encore (ce que nous appelons le *Big Long*), le cours des actions *quality growth* est relativement protégé même si leur PER n'affiche pas de prime par rapport aux obligations d'État à duration longue.

- **Jusqu'où les rendements obligataires peuvent-ils baisser, selon vous ?**

Il n'y a pas de limite à l'abaissement des rendements obligataires, même en territoire négatif. La question importante est : combien de temps resteront-ils à des niveaux aussi bas et quelles seront les répercussions sur les économies mondiales ? Aujourd'hui, le retournement à la hausse des rendements obligataires sous l'effet de la réduction par les banques centrales de leurs programmes d'assouplissement quantitatif pose la question de savoir jusqu'où les rendements obligataires peuvent encore monter, et non jusqu'où ils peuvent baisser. Les avis restent partagés sur cette question. Il existe maintenant des signes indiquant que l'inflation induite par la pandémie, au sens traditionnel d'un excès de monnaie par rapport au volume des biens (ou services), pourrait persister plus longtemps que prévu.

- **L'inflation ne risque-t-elle pas de s'installer durablement à des niveaux plus élevés ?**

C'est possible, mais improbable à long terme. Il importe de faire preuve de prudence car on peut se demander si les perturbations affectant actuellement l'offre et si l'inflation par les coûts qui en découle coïncideront avec l'élément stimulateur de la demande, qui résulte d'une distorsion du marché. Aux États-Unis, de nombreux travailleurs âgés ont changé d'attitude face au travail depuis qu'ils ont été mis au chômage technique ou licenciés sous l'effet de la pandémie. Deux ans après, ils sont réticents à retourner à la vie active, ce qui crée des pénuries de main-d'œuvre qui se traduisent un peu partout par des augmentations de salaire. Ce phénomène s'observe surtout pour les emplois peu qualifiés. L'avenir nous dira si le retour de la mondialisation évitera l'enclenchement d'une spirale à la hausse des salaires qui échappe à tout contrôle et nourrit l'inflation ou si l'on retrouvera un semblant de réalité d'avant la pandémie.

- **Quel est le meilleur et le pire des scénarios pour les marchés et pour l'investissement *quality growth* à l'horizon des dix prochaines années ?**

Dans le meilleur des cas, les taux d'intérêt et les rendements obligataires demeureraient bas de nombreuses années encore. Cela empêcherait les PER dans l'ensemble de descendre en dessous d'un certain seuil tout en préservant la prime dont les actions *quality growth* bénéficient actuellement. Le pire des scénarios serait une récession déflationniste résultant de rendements obligataires négatifs. Cela créerait une boucle de rétroaction négative, provoquerait d'importantes faillites bancaires et ferait subir une décote aux obligataires, ce qui pourrait affecter les débiteurs souverains les plus fragiles. Même si les entreprises *quality growth* souffriraient moins, l'ensemble du marché serait mis à rude épreuve et nul ne serait épargné.

- **Pourquoi, selon vous, les fonds de pension ont-ils tant tardé à reconnaître les attraits de l'investissement *quality growth* ?**

Aux Pays-Bas, pour citer un exemple, les fonds de pension sont sur le pied de guerre parce que le taux qu'ils doivent utiliser pour actualiser leurs engagements est très bas alors qu'il leur est parallèlement interdit d'investir plus d'un certain montant dans les actions. Face à cette double obligation, les malheureux fonds de pension n'ont d'autre choix que de se mettre en quête de rendements. Le montant de leurs investissements en actions étant plafonné, il leur sera difficile, voire impossible, d'atteindre les 7-8 % de rendement annuel dont ils ont besoin pour honorer leurs engagements.

Les Pays-Bas sont l'un des nombreux exemples de la façon dont le secteur des fonds de pension est légalement tenu d'adopter les définitions gouvernementale et actuarielle du risque et du rendement. Espérer que cela changera bientôt confine à l'utopie.

La solution à ce problème est claire à mon avis. Les fonds de pension devraient être non seulement en mesure, mais aussi tenus, d'investir considérablement plus dans les actions, et en particulier dans le type d'actions dans lesquelles nous investissons. Je ne dis pas cela parce que c'est notre philosophie d'investissement. Je le dis parce que la philosophie de l'investissement *quality growth*, notamment le critère « peu de dettes au bilan », est par nature bien adaptée aux fonds de pension.

Pourquoi n'y sont-ils donc pas autorisés ? Tout simplement parce que les autorités de régulation assimilent l'investissement en actions au risque parce que le cours des actions peut être volatil. Les autorités de régulation qualifient la volatilité de risque, comme si volatilité et risque étaient la même chose. Pour moi, c'est insensé.

- **Pourquoi êtes-vous si sûr que l'Union européenne et/ou la zone euro survivra ?**

Les réalisations accomplies par l'Union européenne ces soixante dernières années sont considérables et irréversibles. Je ne le dis pas seulement en tant que natif d'Europe centrale tout à fait conscient du chaos qui a suivi la Première Guerre mondiale et autres événements ultérieurs. L'Union européenne a survécu à de multiples crises, politiques et économiques, malgré les forces centrifuges sporadiques qui tentent de la disloquer. L'union économique et monétaire est encore loin d'être achevée, mais sera menée à terme, même si les progrès sont lents.

L'union politique est peut-être dans une impasse, mais la nécessité pour l'Union européenne de gagner en stature, en importance et en puissance s'accroît chaque jour face au Brexit, à la Chine, à la Russie et à la fiabilité décroissante des États-Unis. Ce n'est pas tenable pour les 450 millions d'Européens d'être protégés contre les 500 millions de Russes par 325 millions d'Américains. Le Parlement européen et la Commission européenne ont été relativement (et j'insiste sur le mot « relativement ») paneuropéens dans leur vision et dans leurs actions. Composé des chefs d'État ou de gouvernement des États membres de l'Union européenne, qui sont résolus à préserver leur statut, le Conseil européen l'a moins été. Chez ces personnes la vision intergouvernementale prévaut, et c'est pourquoi le processus de mise en commun des souverainetés nationales se heurte à un plafond de verre. Il est crucial de relancer le processus, ce qui se fera très vraisemblablement, dans le bruit et la fureur.

En dépit des mouvements populistes (dont, souvent, les médias exagèrent beaucoup l'importance), le Brexit a montré à quel point il est difficile de sortir de l'UE sans provoquer de véritables bouleversements. Le Brexit constitue un cas d'école contre le risque moral. Concernant la zone euro, la monnaie unique fait partie d'un dispositif qui, incontestablement, est fort incomplet. Cependant, ce dispositif est encore en chantier, et le mouvement en faveur de la création d'un mécanisme de résolution des défaillances bancaires, d'un marché euro-obligataire et d'une union des transferts a plus de chances de se renforcer, quoiqu'à un rythme lent, que de s'inverser.

- **Si le rendement moyen des capitaux investis des entreprises de votre univers est de 20 %, ne pensez-vous pas que le rendement servi à ceux investissant dans ces entreprises devrait également avoisiner les 20 % par an sur le long terme ?**

Ce n'est pas aussi simple que cela. Le rendement attendu à long terme d'une action est déterminé conjointement par deux ingrédients : le rendement des capitaux investis (RCI) et la capacité de l'entreprise à augmenter ses bénéfices. Vous avez besoin des deux pour pouvoir obtenir le rendement composé annualisé que les investisseurs dans les entreprises *quality growth* attendent d'elles généralement.

En théorie, le coût moyen pondéré du capital d'une entreprise devrait être égal à son rendement attendu à long terme, car ses bénéfices sont progressivement érodés par la concurrence. Cependant, s'il existe une entreprise capable de générer une croissance de ses bénéfices supérieure au coût de son capital perpétuellement (ou du moins pendant très, très longtemps, disons cinquante ans), la trajectoire du cours de ses actions et la trajectoire de sa croissance bénéficiaire ne feront qu'un.

L'entreprise qui augmente ses bénéfices de 10 % par an devrait, en théorie et grâce aux taux composés, être en mesure de doubler sa taille tous les sept ans *ad vitam aeternam*. Généralement, les rendements générés par les actions *quality growth* ont été de l'ordre de 9 % par an depuis 2006.

Selon moi, le RCI ne détermine pas à lui seul l'évolution du cours des actions d'une entreprise, mais c'est l'ingrédient clé qui détermine si la croissance bénéficiaire d'une entreprise peut être maintenue dans le temps. Le niveau de la croissance bénéficiaire est ce qui détermine en fin de compte l'évolution du cours des actions. Dans la pratique, vous devez en plus prendre en considération les coûts de fonctionnement du portefeuille et la possibilité que le gérant du fonds commette parfois des erreurs, comme nous en faisons tous à un moment ou un autre.

Si vous me permettez ce parallèle, instaurer une puissante dynamique de rendements à long terme, c'est comme créer la base d'un bon sofrito. Ingrédient indispensable, l'huile d'olive (le RCI) est le liant qui assure la cohésion du sofrito. De même, un RCI élevé crée les conditions propices pour bâtir et faire croître une entreprise. Le RCI est le facteur clé qui détermine la durabilité de cette croissance. Quand l'huile atteint la « bonne » température, il faut ajouter le second ingrédient majeur : l'ail (la croissance bénéficiaire). L'ail rehausse le goût de l'huile ; il l'améliore et la transforme. L'entreprise dont le RCI est élevé doit augmenter ses bénéfices, sinon elle ne créera tout simplement pas de valeur économique (pas d'ail = pas de saveur). De même, l'entreprise enregistrant une croissance de ses bénéfices a besoin de la puissance d'un agent liant pour lui permettre de durer et de renforcer son pouvoir de marché (pas d'huile = l'ail se désintègre lentement).

- **Quel impact la guerre menée par Vladimir Poutine en Ukraine aura-t-elle sur les marchés financiers en général et sur les entreprises *quality growth* en particulier ?**

Il existe de nombreux exemples de guerres régionales et d'évènements terroristes survenus après la Seconde Guerre mondiale. Les marchés financiers ont réagi différemment selon que les tensions militaires se limitaient à l'échelon local ou que les conflits impliquaient des superpuissances mondiales et touchaient les produits de base, le pétrole en particulier. Bien que certains signes indiquent que le Président Poutine avait préparé son agression en détail depuis des mois, voire des années, son attaque relativement soudaine d'un voisin pacifique a surpris. La vive réaction suscitée dans le monde entier, avec les États-Unis pour chef de file dans l'imposition de sanctions économiques et autres à la Russie et à ses oligarques, a dressé frontalement l'une contre l'autre deux superpuissances mondiales, ou même plusieurs. La région du Donbass, située à l'est de l'Ukraine, de même que l'Ukraine dans son ensemble, est riche en ressources minérales et en matières premières en général. C'est pourquoi le Président Poutine a lancé l'offensive sur cette région en premier lieu. La hausse exponentielle des prix du pétrole dans le monde a engendré la combinaison parfaite d'un conflit entre superpuissances et touchant aux matières premières. Comme cela se produit à un moment où l'inflation est sortie de sa longue période de stagnation, l'économie mondiale pâtira forcément de ces évènements. Que les banques centrales de la planète aient ou non les moyens de relever les taux d'intérêt dans ces conditions est une question brûlante sur les marchés financiers, et pour l'instant la réponse ne va pas de soi.

Les entreprises *quality growth* ont certes enregistré récemment une chute soudaine de leur cours, mais dans l'ensemble leurs résultats économiques ont été largement épargnés par les évènements géopolitiques récents. Même l'épidémie de Covid-19 n'a fait qu'écorner de façon passagère leur capacité à générer des bénéfices. Il est improbable que les sanctions économiques imposées à la Russie aient des effets collatéraux négatifs sur les entreprises *quality growth* dans les mois, ou années, à venir.

Concernant les marchés en général, l'investisseur serait bien avisé de passer en revue les précédents dans l'histoire avant de rejoindre le troupeau des investisseurs enclins à vendre aujourd'hui pour racheter une fois l'horizon éclairci. Ce comportement grégaire s'est souvent traduit par une perte en capital définitive. Les graphiques suivants montrent l'évolution de l'indice S&P 500 dans le contexte de précédents conflits armés.

Évolution du S&P 500 lors de précédents conflits armés

Guerre du Vietnam
Incident du golfe du Tonkin
le 02 août 1964

Guerre du Golfe
Intervention des États-Unis
le 17 janvier 1991

Guerre d'Afghanistan
Campagne aérienne lancée
le 07 octobre 2001

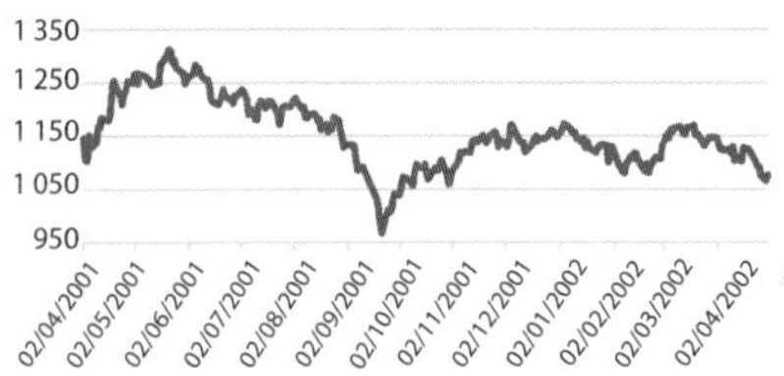

Guerre d'Irak
Premières frappes aériennes
le 20 mars 2003

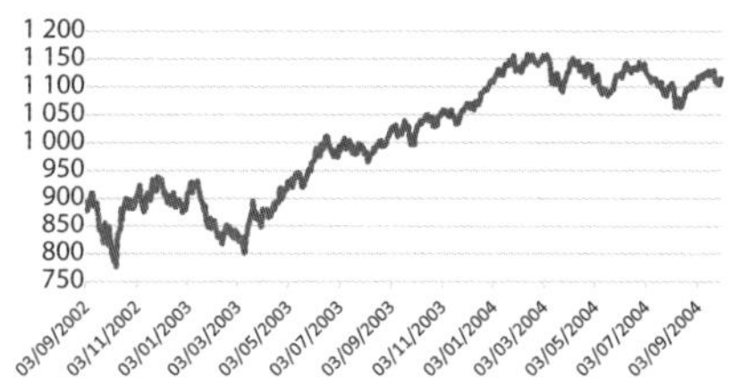

Annexion de la Crimée
Début de l'occupation
le 20 février 2014

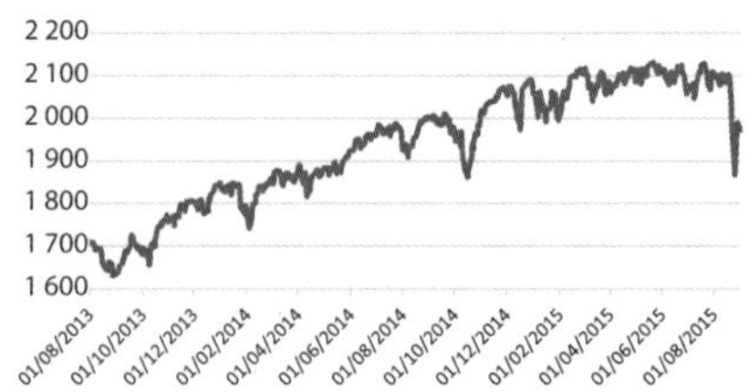

Source : Bloomberg

Chapitre 8
Conclusion générale

Le lecteur de cet ouvrage aura maintenant conclu, je l'espère, que la doctrine dominante, à cause de sa vision erronée du risque et du rendement, n'est propice ni à la préservation ni à la fructification à long terme du capital. Je souhaite l'avoir convaincu que, même si appliquer cette doctrine peut contribuer à apaiser sa crainte de perdre de l'argent ou à justifier ses pertes lorsqu'elles se produisent, en fin de compte cela n'aide pas vraiment. S'en remettre à l'opinion dominante peut soulager la conscience mais ne peut remédier à une perte en capital définitive.

Peu importe que ce capital appartienne à des particuliers, jeunes ou moins jeunes, à la veuve ou l'orphelin, ou à des semi-institutions comme les entreprises familiales, ou qu'il soit détenu dans les portefeuilles d'institutions à part entière comme les fonds de pension ou les compagnies d'assurances. Les règles d'investissement ne devraient pas changer en fonction de la personne qui encourt le risque, de même que le montant d'un billet de banque ne change pas en fonction du portefeuille dans lequel il se trouve. Un euro est un euro.

Diverses stratégies s'offrent en matière d'investissement, mais, comme les partisans de l'approche *quality growth* le savent, en fait il n'y en a qu'une de réellement efficace. Si le succès d'un investissement réside dans l'art d'éviter les pièges, l'investisseur *quality growth* sait ce qu'il doit éviter de faire et pourquoi. À ses yeux, l'entreprise considérée sera plus importante que la valeur attribuée à cette entreprise par des marchés d'actions parfois sous l'emprise de l'émotion. Être plus attentif à l'entreprise qu'au cours de l'action sera sa priorité absolue.

Autant le marché des actions ne saurait donner le *la* au marché des obligations, autant le prix de l'argent sera toujours l'arbitre suprême et le principal déterminant du cours des actions. En investissant dans une croissance de qualité, l'investisseur ne sera pas hors d'atteinte des marchés obligataires. En revanche, il verra l'influence de ces marchés être atténuée à long terme par les effets positifs du bilan à toute épreuve des entreprises *quality growth* qui composent son portefeuille. Je le constate d'expérience depuis de nombreuses années, comme les graphiques ci-dessous le montrent.

Les dix règles d'or de l'entreprise *quality growth* devraient constituer la référence en matière d'investissement, car elles offrent la meilleure chance d'éviter une perte en capital définitive, de réduire le risque et d'obtenir des rendements supérieurs sur le long terme. L'investisseur *quality growth* devrait s'y référer en permanence.

Rendement annualisé de l'univers de Seilern Investment *versus* MSCI World Total Return

	5 ans	10 ans	Depuis décembre 2006
Univers de Seilern Investment	22,3 % p.a.	18,2 % p.a.	17 % p.a.
MSCI World	15 % p.a.	12,7 % p.a.	7,4 % p.a.

Source : Seilern Investment Management

Univers de Seilern Investment *versus* MSCI World TR

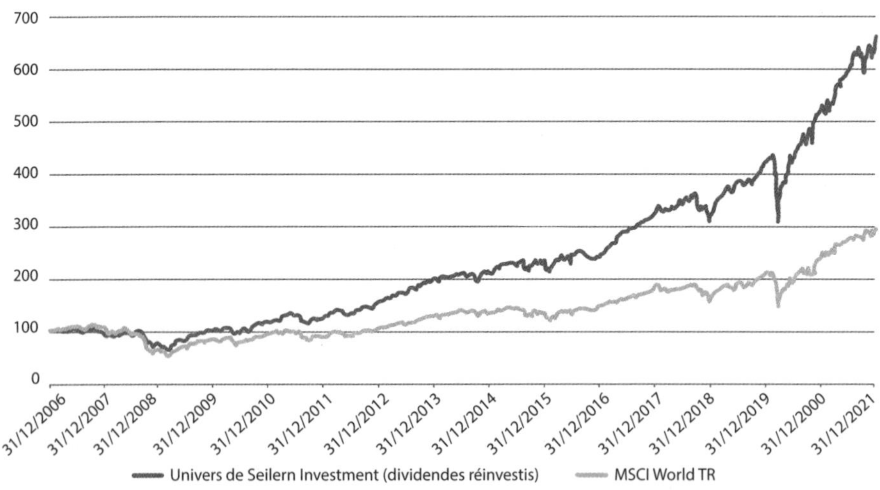

Source : Bloomberg, Seilern Investment Management

Glossaire

Actions *quality growth* : actions émises par une entreprise *quality growth* (voir la définition de ce terme plus loin).

Assouplissement quantitatif : consiste pour une banque centrale à acheter divers actifs (principalement des emprunts d'État et des obligations privées sécurisées) afin d'injecter massivement des liquidités dans l'économie. L'assouplissement quantitatif fait partie de la panoplie des mesures monétaires non conventionnelles dont dispose une banque centrale pour s'efforcer de relancer la croissance.

Capitalisation boursière : valeur totale des actions cotées en Bourse d'une entreprise. Elle s'obtient en multipliant le nombre de ces actions en circulation par leur cours de marché.

Croissance organique : croissance qu'une entreprise génère en interne, en augmentant son chiffre d'affaires par accroissement de ses ventes en volume et/ou en prix.

Dérivés (également appelés **instruments dérivés** ou **produits dérivés**) : comme son nom l'indique, un dérivé est un instrument financier qui dérive d'un autre instrument financier, appelé « actif sous-jacent ». Parmi les produits dérivés couramment utilisés, on peut citer l'option de vente (ou d'achat) sur action et le *swap* de devises. Dans chaque cas (en l'occurrence l'option et le *swap*), la valeur de l'instrument dérivé dépend et dérive de la valeur de l'actif sous-jacent (en l'occurrence l'action et les devises respectivement).

Dilution (effet dilutif) : il y a dilution des actions d'un actionnaire existant lorsque sa participation en actions rapportée au total des actions émises diminue à la suite d'une augmentation du nombre total des actions en circulation. Cet effet dilutif s'observe notamment lorsque l'entreprise procède à une augmentation de capital par émission d'actions nouvelles.

Élasticité-prix de la demande : indique dans quelle mesure et dans quel sens la demande pour un produit ou service varie lorsque le prix de ce produit ou service varie. Mathématiquement, c'est le taux de variation de la demande rapporté au taux de variation du prix du produit ou service. Par exemple, une élasticité de – 2,5 signifie que la demande diminue de 2,5 % lorsque le prix augmente de 1 %, et une élasticité de + 0,65 signifie que la demande s'accroît de 0,65 % lorsque le prix augmente de 1 %. L'élasticité-prix de la demande peut aussi être nulle, dans ce cas on parle d'inélasticité de la demande.

Entreprise *quality growth* : entreprise ayant une croissance de qualité telle que définie par Seilern Investment (voir la partie II).

Indice de référence : indicateur à l'aune duquel la performance d'un gérant de portefeuille est comparée. L'indicateur pris comme point de référence pour procéder à cette évaluation comparative est souvent un des grands indices boursiers (CAC 40, Dow Jones, Nikkei, S&P 500, etc.).

Investisseurs institutionnels (aussi appelés « **les institutionnels** ») : personnes morales, comme les compagnies d'assurances, les banques, les sociétés d'investissement et les fonds de pension, qui collectent l'épargne et la placent pour la faire fructifier pour le compte de leurs clients. Ils exercent une influence non négligeable en Bourse étant donné les sommes colossales qu'ils gèrent.

Investisseur *quality growth* : personne physique ou morale investissant, directement ou indirectement, dans des actions *quality growth*.

Liquidité : en Bourse, un marché est liquide lorsque l'investisseur peut acheter ou vendre rapidement l'instrument financier qui y est coté (actions, obligations, fonds, etc.) sans que cela n'ait d'incidence notable sur le cours de cet instrument.

Liquidités : désigne au sens large la quantité d'argent, ou pouvoir d'achat, dont disposent les consommateurs, les producteurs et les États. Pour plus de précisions, se reporter au chapitre 2 à la section « Liquidités ».

Marché baissier, marché haussier : un marché baissier est un marché orienté à la baisse durant une période prolongée : les points bas du marché sont de plus en plus bas. *A contrario*, un marché haussier est un marché orienté à la hausse durant une période prolongée : les points hauts du marché sont de plus en plus hauts.

Moins-value latente / Plus-value latente : la moins-value latente est la perte que l'investisseur subirait s'il vendait ses titres (actions, obligations, etc.) alors que leur prix de vente est inférieur à leur prix d'achat. La plus-value latente est le gain que l'investisseur réaliserait s'il vendait ses titres (actions, obligations, etc.) alors que leur prix de vente est supérieur à leur prix d'achat. Cette moins-value ou cette plus-value est dite latente parce qu'elle est théorique tant que l'investisseur ne concrétise pas la vente de ses titres.

Profondeur d'un marché : mesure dans laquelle un marché peut absorber facilement les volumes d'achat ou de vente. Plus la profondeur est grande, plus le marché peut absorber d'importants volumes.

Quality growth : croissance répondant à nos critères de qualité (voir la partie II).

Relution (effet relutif) : il y a relution des actions d'un actionnaire existant lorsque sa participation en actions rapportée au total des actions émises augmente par suite d'une réduction du nombre total des actions en circulation. Cet effet relutif s'observe notamment lorsque l'entreprise rachète une partie de ses actions cotées en Bourse.

Taux composé : un taux est dit composé lorsqu'il se cumule d'une période à l'autre. Le taux peut être, entre autres, un taux d'intérêt, un taux de rendement ou un taux de croissance. Par exemple, le taux de rendement composé des dividendes s'obtient en réinvestissant les dividendes générés à la fin de la période 1 pour que le montant total (montant initialement investi + dividendes réinvestis) génère à son tour des dividendes pendant la période 2, lesquels seront eux-mêmes réinvestis à la fin de la période 2 et ainsi de suite.

Univers d'investissement : ensemble des entreprises à partir duquel l'investisseur sélectionne des titres pour constituer son portefeuille. Pour faire partie de l'univers d'investissement, ces entreprises doivent satisfaire à un certain nombre de critères préalablement définis par l'investisseur en fonction de son objectif d'investissement.

Volatilité : ampleur des variations du cours d'un instrument financier (actions, obligations, indice boursier, taux d'intérêt, etc.). Une forte volatilité signifie qu'il existe un écart important entre le cours le plus haut et le cours le plus bas atteint par cet instrument financier sur un temps relativement court.

REMERCIEMENTS

Je remercie les personnes suivantes pour leur contribution à la réalisation de cet ouvrage.

- Jean-Michel Boehm, ancien PDG de Seilern Investment Management Ltd (Londres), pour la préface qu'il a eu l'amabilité de rédiger et pour ses suggestions judicieuses.
- Marie-Agnès Schmitt, traductrice, qui a restitué ma pensée si fidèlement en français.
- Ivo Forde, de Fin International, pour l'aide qu'il m'a apportée en sa qualité de consultant.
- Jonathan Davis, pour les nombreuses suggestions qu'il a formulées afin d'améliorer ma première mouture.
- Dr Paul Morris PhD, *Principal Lecturer*, université de Portsmouth, pour son avis éclairé sur la façon de présenter mes arguments.
- Fipsi Seilern, ma fille, qui a réalisé les illustrations.
- Tassilo Seilern-Aspang, Lara Dobie, Michael J. Faherty, Fernando Leon, Marco Lo Blanco, Corentin Massin et Quentin McFarlane, qui, en leur qualité d'analystes chez Seilern Investment Management Ltd, ont contribué au chapitre consacré aux dix règles d'or.
- Les éditions Dunod, pour avoir mené à bien la parution de ce livre.
- Et mon ami, Timothy Sisley, qui m'a encouragé à me lancer dans l'écriture de cet ouvrage et m'a prodigué de précieux conseils.

Peter Seilern, novembre 2021

M81142 - (I) - OSB 80° - BPA - LGT
Imprimerie CHIRAT – 42540 Saint-Just-la-Pendue
Dépôt légal : juin 2022

Imprimé en France